手間いらずで
美しいバラづくり

玉置 一裕 監修

成美堂出版

Contents

PART 3

ローメンテナンスな庭づくり……77

空間づくりのヒント

バラ図鑑

育ててみたい新しいバラ……141

適切な栽培で、
できるだけ手間を省いて

バラは育てるのに「手間がかかる」といわれます。
花木の中でも、四季を通じて花を咲かせるのはバラだけ。
だからこそ、ある程度手間がかかることは、
誰もが理解できるでしょう。
たとえばほかの植物同様、鉢植えでは水やりの手間は必須です。
また、繰り返し花を咲かせるためには適切な剪定を行い、
リフレッシュさせる必要もあります。
しかし、その手間にも程度があります。
バラは葉が病気にかかりやすいので、葉をきれいに保つために
毎週薬剤散布をしなければならないのか。
月に一回、さらに年に数回ですむのかでは、大きな違いです。
どの程度、手間がかかるかは、バラの種類によっても違います。
樹のタイプを知ってその性質に伴った適切なケアを行い、
ムダな手間を減らせば、ちゃんと生育し、美しい花を咲かせます。
そうすれば手間をかけた割に「花が咲かない」
「病気にかかった」などの悩みも少なくなります。
それが結果的に、「手間いらずのバラ栽培」につながるのです。

玉置一裕

シャリマー

シェエラザード

バラ栽培の用語

バラ栽培に関する用語を説明します。バラのつくり（部位の名称など）については、p40をご覧ください。

【一番花、二番花】いちばんか、にばんか
春、最初に咲く花を「一番花」といいます。四季咲き品種など連続開花性がある品種は、一番花が終わり、花がらを切ると、40～60日後に二番花が咲きます。年に一度、一番花しか咲かない性質の品種は「一季咲き」といいます。

【自然樹形】しぜんじゅけい
その品種本来の枝の伸び方によってできあがる木の姿。自立して育てるのが向いている「木立樹形」、枝がよく伸びてアーチなどに誘引するのが向いている「つる樹形」、その中間の「シュラブ樹形」があります。また、それぞれの樹形の中でも「直立タイプ」、枝が横に広がる「横張りタイプ」などがあります。シュラブ樹形とつる樹形には、枝がやわらかくて這うように伸びる「匍匐《ほふく》タイプ」もあります。

【樹勢】じゅせい
木の生育力。「樹勢が強い」は、生育力が強いことを意味します。

【剪定】せんてい
樹形を整えたり、不要な枝、枯れた枝、込み合う枝などを減らすために切り取る作業。

【段差剪定】だんさせんてい
枝の高さに段差をつけて剪定する方法が「段差剪定」。シュラブローズをつる仕立てとして、構造物に誘引する際、よく使われる方法。

【頂芽優勢】ちょうがゆうせい
枝の先端（高い位置）にある頂点の芽を頂芽といい、頂芽の成長が脇芽の成長より優先される性質を「頂芽優勢」といいます。多くのバラはこの性質を持っており、長く伸びた枝をまっすぐ立てたまま誘引すると、枝の先のほうにしか花が咲きません。つるバラを誘引する際は、「頂芽優勢」をくずして枝先以外からもまんべんなく花枝が出るように、枝を水平に寝かせる場合があります。

【つぎ口】つぎぐち
バラ苗の多くは、ノイバラの台木に栽培種のバラの芽や穂木をついでつくられています。つぎ穂と台木の結合部分を「つぎ口」といい、新苗や大苗は、つぎ口にビニールテープなどが巻かれた状態のものもあります。

【苗木・成木】なえぎ・せいぼく
市販されている新苗、大苗、開花株などはすべて苗木です。品種によっても違いますが、成木になるのは一般的に新苗からその年を含み約3年。元気に枝が出るようになれば成木です。苗木の間は十分なケアが必要です。

【鉢増し】はちまし
鉢植えの苗を、ひとまわりかふたまわり大きな鉢に植え替えること。

ピンチ（摘芯《てきしん》・摘蕾《てきらい》）
やわらかい枝先や蕾《つぼみ》を手で摘み取り、成長や分枝を促したり、開花のコントロールをすること。

【覆輪】ふくりん
花びらの縁に、縁取りのように違う色が入ること。

【房咲き】ふさざき
一本の花茎の上部が何本かに枝分かれし、複数の花をつける咲き方。一本に一花咲かせるのは、「単花咲き（たんかざき）」といいます。

ボタンアイ
花の中央部分の小さな花弁が内側に巻き込まれ、ボタン状になる咲き方。雄しべや雌しべが変化してできた緑色の小さな芽のようなものは、グリーンアイとも呼ばれます。

ボタンアイ

グリーンアイ

【誘引】ゆういん
つるバラやよく伸びるシュラブローズの枝を、オベリスクやアーチ、トレリスなどの所定の位置に配置し、誘引用バンドや麻ひもなどで結びとめ、樹形を整える作業のこと。

PART 1

バラを選ぶ・育てる

ロアルド ダール

マイローズ

育てやすさを求めて変わってきたバラ

耐病性の向上を目指して

バラの歴史は、新品種の作出の歴史ともいえます。今も毎年のように新しいバラが登場し、バラ愛好家たちをワクワクさせています。

最近の世界的な傾向として、「特に手間をかけなくても、いつもきれいに咲いてくれるバラ」が、より求められるようになっています。ライフスタイルの変化もあり、バラ栽培にそれほど時間や手間をかけられない人が増えているからでしょう。そのため海外でも日本でも、新品種を作出するうえで「耐病性の向上」が大きな目標となっています。

耐病性とは、葉がうどんこ病や黒星病などの病気に強いこと。耐病性に優れていると、殺菌剤の散布にあまり手間をかけなくても葉を落としにくいので株が元気に育ち、花もきれいに咲いてくれます。そのため忙しい人でも気軽に育てられます。また、薬剤散布に対して慎重な人にも受け入れやすいでしょう。

よく咲いて剪定も楽に

かつて主流だったHT（ハイブリッド・ティーローズ）やFL（フロリバンダ）などの木立性モダンローズは、剪定技術によって樹形を仕立て、よい花を咲かせる必要がありました。しかし昨今主流となっているシュラブローズのなかには、短い枝に花を咲かせるものも増え、これらはそこそこの手入れで樹形を保ってくれます。

さらに最近は、連続開花性に優れている品種も増えています。あまり手間をかけず、春〜秋までずっと咲いてくれるわけですから、まさに育てやすいバラといえます。

ピエール エルメ

主流はシュラブローズに

樹形・系統としてのシュラブ

シュラブローズとは、いったい何なのでしょうか。シュラブ＝ｓｈｒｕｂは、英語で灌木《かんぼく》や低木を意味します。シュラブローズは、日本では枝をふわっと伸ばす半つる性のバラと理解されてきました。これは樹形からの呼び方です。

系統としてのシュラブもあります。バラは従来からＨＴやＦＬなど系統で理解されてきました。しかし、近年のバラは原種・オールドローズや切り花品種なども交配に利用されるなど複雑化してきて、一概に系統として決められない品種が増えてきました。それらをみなシュラブと呼んでいるわけです。

さまざまなシュラブ

具体的には、枝を長めに伸ばすタイプが一般にいうシュラブローズで、多くはつるバラ仕立てにもできます。木立のように育つタイプは木立性シュラブと呼び、短い枝に花を連続して咲かせ、株が小型であればコンパクトシュラブと呼びます。

また、花と樹姿のスタイルによって、大輪・木立性で四季咲きであればＨＴタイプ、中輪・木立性であればＦＬタイプと、「タイプ」をつけて呼んでいます。

シュラブローズの多くは丈夫で育てやすく、手間がかかりません。また、草花と調和しやすいのも大きな特徴です。ＨＴやＦＬ中心の時代は、バラだけを植えて花を鑑賞しやすい「バラ花壇」的な楽しみ方が主流でした。しかし昨今、草花と一緒にバラを植え、空間を美しくしたいという人も増えてきました。そんな時代の要請に応えてくれるのが、シュラブローズです。従来のＨＴやＦＬ、オールドローズに加えシュラブローズが登場したことで、バラは多様性の時代を迎えたといえそうです。

バラの移り変わり

オールドローズ

オールドローズとは、原種のバラや交雑種、1867年以前に作出された系統の品種の総称。ガリカ、アルバ、ダマスク、ケンティフォリアなど、さまざまな系統があります。大半は半つる性ですが、なかには木立性のものもあります。

カザンリク

モダンローズ

1867年にフランスの育種家ジャン＝バプティスト・ギヨーによってハイブリッド・ティーの'ラ フランス'が作出された後に誕生したバラの総称。

HT（ハイブリッド・ティーローズ）
木立性の四季咲き性大輪種で、太めに伸びた枝先に大きな花が咲きます。

FL（フロリバンダ）
木立性の四季咲き中輪品種。1茎に数輪、房咲きになります。

つるバラ
枝を長く伸ばすタイプは、構造物などに誘引して楽しめます。

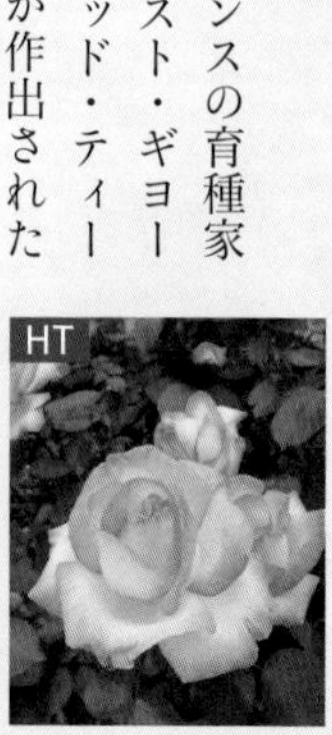

プリンセス ドゥ モナコ

アイスバーグ

ピエール ドゥ ロンサール

シュラブローズ

さまざまな系統の交配から生まれた、近年のバラ。樹形や性質はバラエティに富んでいますが、丈夫で育てやすい品種が多くあります。

ペネロペイア

伸びる枝を生かしてつるバラ仕立てに

枝を切らずに伸ばして構造物や木に誘引することを、「つるバラ仕立て」といいます。

剪定で木立性バラのように

‘オデュッセイア’は、冬剪定で深めに切れば、背の高いフロリバンダのような感じに育ちます。これを「シュラブ仕立て」といいます。

多様な楽しみ方ができる シュラブローズ

シュラブローズは
枝を伸ばせばつるバラのように
剪定すれば木立性のバラのように
楽しめる品種が多くあります。
写真は‘オデュッセイア’(p166参照)。

シュラブローズの樹形

コンパクトシュラブ

短い枝に花を連続して咲かせ、株が小型のタイプ。長期間にわたって花を楽しめ、育てやすい品種が中心です。

木立性シュラブ

木立のように育つタイプ。大輪・木立性で四季咲きであれば「HTタイプ」、中輪・木立性であれば「FLタイプ」と呼ぶこともあります。

シュラブ樹形

枝が長めに伸び、つるバラのようにアーチやトレリスなどの構造物に誘引することも可能。

バラの選び方

バラはとても種類が多いので、どれを買ったらよいか、迷いそう。
選ぶ際のヒントをまとめました。

1 好きな花を選ぶ

開花しているところを見る

まずは好きな花を選ぶのが一番です。お気に入りの品種なら、自然と、一生懸命育てたいという気持ちになるはず。バラ園やバラ専門店、イベントなどで、開花しているところを実際に見るのもおすすめです。オープンガーデンでは、自分の好きなバラが宿根草や他のバラとどう調和しているのかも参考になります。

品種の特性を確認

好きな花が見つかったら、育てやすさや枝の伸び方、樹形など品種の特性を確認しましょう。手間のかかり方などが自分のライフスタイルに合っているかどうか、ガーデンやベランダでどのように育てるかなど、想像しながら選ぶと間違いありません。

（花の大きさ）

バラの花の大きさは、マイクロミニと呼ばれる花径1cmくらいのものから
花径12cmを超える巨大輪までバラエティに富み、それぞれ違った魅力があります。

群舞（ぐんまい）

小輪の花がたくさん

小輪の花がたくさん集まって咲く品種は、愛らしさ抜群。

ソフィー ロシャス

存在感のある大きな花

花径が大きい花は、1輪でも存在感が抜群です。

（代表的な花形）

ここにご紹介するのは代表的なバラの花形ですが、
これ以外にもさまざまな花形の品種があります。
花弁の数も、5枚の品種もあれば、
100枚前後もある品種も。弁の形も多様です。

ロゼット咲き

花弁数が多く、花芯の部分は小さな花弁が密集。4つのかたまりに分かれたりねじれる品種もあります。

真宙（まそら）

カップ咲き

リュシオール

横から見るとカップのように見えます。咲き進むとロゼット咲きになる品種も多くあります。

半八重咲き

ジャクリーヌ デュ プレ

花弁数が少なく、芯が見える咲き方。

剣弁高芯咲き

紫雲（しうん）

花弁2カ所が外に巻いて先が尖り、横から見ると芯を盛り上げている、HT（ハイブリッド・ティーローズ）に特徴的な咲き方。

波状弁咲き

花弁が波打つ咲き方。弁先に切れ込みが入る品種もあります。

ダフネ

一重咲き

ニューサ

5枚の花弁からなる咲き方。原種には、比較的この咲き方の品種が多く見られます。

ジプシー ボーイ

ヒーリング

マドモアゼル メイアン

ラ ドルチェ ヴィータ

（多彩な色彩）

バラの花色は多種多様。ひとくちにピンクといっても、
白に近い淡い色合いから
濃い色まで幅広く、ニュアンスもいろいろです。
原色からくすみカラーまで幅広く、
今までなかった緑色の品種なども登場しています。

エクレール

フィネス

サボン

フューチャー パフューム

ギー サヴォア

リラ

縁（ゆかり）

禅（ぜん）

シェエラザード

いろいろな咲き方

花茎がしっかりして上を向いて咲くもの、
花茎が細くてうつむいて咲くものなど、品種によって特性があり、
異なる趣があります。また、房になって次々と咲くもの、
1茎に1輪の花をつけるものなど、咲き方もさまざま。
それぞれ違った魅力があります。

ヴィウー ローズ

ロイヤル ジュビリー

上を向いて咲く

花茎がしっかりしており、上に向いて咲きます。HT（ハイブリッド・ティーローズ）など、木立性のバラに多い咲き方です。

うつむきがちに咲く

やさしくたおやかな雰囲気。つるバラ仕立てではフェンスやトレリス、ハーフアーチなどに誘引し、やや高い位置で花を咲かせると花の顔がよく見えます。

「バラの香り」

香りはバラの魅力のひとつ。古くから香料として珍重され、今も香水の原料などに使われます。また、ストレスや緊張を和らげる効果や、心や肌を癒やす働きも注目されています。

バラの香りにはさまざまなタイプがあり、代表的な次の7つの香りに分類されています。❶と❷は「ダマスク系の香り」「ローズの香り」とも呼ばれます。バラは交配によって新品種が生まれるため、いくつかのタイプの香りが混じっている品種も多く、香りを味わうのもバラを育てる楽しみのひとつです。

❶ダマスク・クラシック
ダマスク系のオールドローズから継承された、甘く華やかな香り。（例 芳純、ドレッシー、ヘレン）

❷ダマスク・モダン
ダマスク・クラシックより華やかで情熱的な香り。（例 パパ メイアン、フィネス）

❸ティー
紅茶の缶のふたをあけたときのような香り。（例 レディ ヒリンドン、クロード モネ）

❹フルーティ
アプリコットやリンゴ、桃など、フルーツを連想させる香り。（例 ダブル ディライト、パートナー、オデュッセイア）

❺ブルー
ダマスク・モダンとティーの香りが混じり奥深く感じられる。藤色の品種に特徴的な香り。（例 ブルー ムーン、夜来香《イエライシャン》）

❻スパイシー
ダマスク・クラシックの香りに、スパイスのクローブのような香りが混じっている。（例 デンティ ベス、アイズ フォー ユー）

❼ミルラ
ハーブのアニスのような、若々しくやや草っぽい香り。（例 グラミス キャッスル、サボン、ストロベリー ヒル）

フェンスに数種類のバラを誘引。木と木の間にロープを張り、そこにもよく伸びる品種を誘引してガーランド（花綱）に。

2 使い方で選ぶ

（立体的に楽しむ）

フェンスや木、アーチ、壁面、ガーランドなどに
つる性のバラやよく伸びるシュラブを誘引すると、
空間を立体的に楽しむことができます。

目的によって品種を選ぶ

バラをどのように使いたいのかによっても、選ぶ品種が変わってきます。たとえば壁面や高いフェンスなどに誘引したいのなら、枝がよく伸びる品種を選ぶべきですし、小径沿いに低い高さで花を咲かせたい場合は、コンパクトな品種が向いています。草花と混植するなら、たおやかな雰囲気のバラがおすすめです。

どんな品種も鉢植え可能

鉢でバラを楽しみたい方も、少なくないでしょう。基本的に、どんな品種のバラも鉢植えで育てることは可能です。もちろん、庭植えで大きく育てたほうがその品種らしさが出る場合もありますが、逆に鉢植えだからこそ大きくなりすぎず、よく枝が伸びる品種もほどよい大きさで楽しめます。

数種類のバラに、カレックスやラムズイヤー、ラベンダーなどを組み合わせている。

(草花と楽しむ)

多年草や一年草、低木などと一緒に植えると、ナチュラルな雰囲気のガーデンに。
組み合わせる植物やガーデンデザインによって、
さまざまなテイストのガーデンを演出できます。

つる性のバラも鉢植えでアーチに誘引できる。アーチのバラは'玉鬘(たまかずら)'。

(鉢で楽しむ)

コンパクトにおさまり、ベランダや玄関前、ウッドデッキなどのポイントとなります。アーチなど立体的な楽しみ方も鉢植えで可能。また、デリケートな栽培が求められるアーティスティックなバラのなかには、鉢植えのほうが育てやすい品種が多くあります。

鉢のテイストで雰囲気を演出。バラは'スマイル優雅(ゆうが)'。

3 バラのタイプで選ぶ

ライフスタイルを考える

バラとの向き合い方は、人それぞれ。「時間と手間をかけてすばらしい花を咲かせたい」という人もいれば、「あまり手間をかけられないけど、バラの花を楽しみたい」方もいるでしょう。

「この花が好き!」と思っても、忙しくてあまり手がかけられないのに栽培に手間がかかる品種を選んでしまうと、期待通りの花が咲かず残念な思いをすることもあります。

バラ選びのＡＢＣ

本書ではライフスタイルに合ったバラと出会える目安として、バラのタイプをＡＢＣに分けています。バラを無理なく育てるために、３つのタイプの特性をまず理解していただければと思います。

ｐ１４１から人気の高い新しいバラをご紹介していますが、ＡＢＣ別に分けてあるので、バラを選ぶ際の参考にしてください。

ライフスタイルに合ったバラの選び方ABC

Artistic

栽培に手間をかける アートのようなバラ

丹精込めた日頃の栽培管理によって“咲かせる”バラ。バラの花の立派さや、デリケートな美しさを楽しみたい。そのためには栽培の手間は惜しまない人におすすめです。

※バラ図鑑p142、143参照。

Basic

忙しくても十分育てられる ベーシックなバラ

昨今の新しいバラの標準タイプ。剪定を中心とした適度な栽培管理で、秋も開花します。栽培手間はそこそこで、バラを暮らしの中で楽しみたい方に向いています。

※バラ図鑑p144～168参照。

Casual

時間も手間もかからない カジュアルなバラ

春の一番花以降、繰り返し咲き、秋にも花数が多いタイプ。枝が伸びすぎず、メンテナンスも楽。バラにあまり手間をかけられないけれど、いつも咲いていてほしい方におすすめ。

※バラ図鑑p169~172参照。

Artistic

手間に応えて豪華な花や繊細な花を咲かせる

特徴

大きく分けて、従来の四季咲き品種である多くのHTやFL（p10参照）と、近年作出されたシュラブローズのバラのうち、花に圧倒的な魅力があるけれど手間がかかるバラの2タイプがあります。

楽しみ方

バラ花壇や鉢植えなどで、バラ単独で花そのもののよさを鑑賞するのに向いています。

基本的な管理

花がら摘みや切り戻し、夏冬の剪定など。剪定にやや手間と技術が必要です。

薬剤散布の頻度

耐病性に劣る品種も多いので、月に3〜4回、殺菌剤の散布が必要です。殺虫剤散布は別に行います。

肥料の与え方

肥料を多めに与えたほうがよい品種が多く、とくにHTは立派な花を咲かせるために、肥料が必要です。樹勢がおとなしい品種は肥料を少なめに。

どんなバラがAタイプ？

1 栽培手間と技術で咲かせるバラ

古来の銘花のHTなど、手間をかけて年に2〜3回、立派な花を咲かせるタイプのバラ。樹勢は強くても、耐病性に劣る傾向があります。

ダブル ディライト

パパ メイアン

2 花そのものがアートともいうべき新しいバラ

近年作出された品種のうち、花はすばらしいけれど、初期成育が遅かったり樹勢や耐病性に劣り、じっくり育てる必要があるバラ。

ル サブリエ

ガブリエル

Basic

“そこそこ”の手間で美しく咲いてくれる

特徴

近年主流となっているシュラブローズのほとんどがこのタイプ。枝が伸びてつるバラとしても楽しめる品種と、木立性の品種があります。

楽しみ方

バラの花そのものを楽しむことに加え、草花との混植など、ガーデニングの一部としてバラを楽しみたい方にも向いています。鉢植えでも楽しめます。

基本的な管理

花がら摘み、切り戻し、夏冬の剪定など。枝が伸びる品種は、剪定で樹形をつくり、秋の開花を促進します。

薬剤散布の頻度

なるべく葉を多く残すため、適宜、薬剤散布を行います。

肥料の与え方

適宜、施肥が必要です。ただし庭植えの場合、成木になったらあまり肥料を必要としない品種もあります（年間の管理の基本に関しては、p45参照）。

どんなバラがBタイプ？

1 枝が伸びるタイプのシュラブローズ

「半つる性のバラ」ともいわれます。剪定によって枝をふわっと伸ばすと、いわゆる「シュラブ樹形」としても、伸びた枝を構造物に誘引してつるバラとしても育てられます。

ギー サヴォア

アミ ロマンティカ

2 木立性のシュラブローズ

直立して枝が伸びるタイプ。HTタイプ、FLタイプ（p10）と表記されることもあります。ガーデンで草花と混植して楽しみやすく、あまり栽培管理に手間がかからず育てられます。

プリンセス シャルレーヌ ドゥ モナコ

プラム パーフェクト

Casual

手間をかけずに
四季を通じて花が楽しめる

特徴

耐病性が高く、短い枝に花を咲かせて、連続開花性に優れています。樹勢は強いものの枝が伸びすぎず、株がコンパクトに保たれる品種も多いので、剪定も楽です。

楽しみ方

鉢植えでも庭植えでも、手軽に育てられます。他の植物との混植にも向いています。コンパクトな品種は、寄せ植えにも使えます。

基本的な管理

花がら摘み（花がら摘みが必要のない品種もあります）と弱剪定くらいですみ、管理に手間がかかりません。

薬剤散布の頻度

最低限の薬剤（殺菌剤）散布だけでも大丈夫です。

肥料の与え方

肥料は少なめに。庭植えの場合は、成木になったら肥料をあまり必要としない品種もあります（年間の管理の基本に関しては、p45参照）。

どんなバラがCタイプ？

1 コンパクトなタイプのシュラブローズ

耐病性に優れる品種で、中〜小中輪で株がコンパクト。管理に手間がかからず、連続開花性にも優れ、いつも花が咲いています。

マイローズ

2 ローズペイザージュ（修景バラ）

花枝の下からすぐ分枝し、連続開花します。花がら摘みの手間もいらないローメンテナンスな公共の場向けのバラです。

レヨン ドゥ ソレイユ

3 ガーデンミニ

花径が5㎝以内で、宿根草感覚で庭植えでも楽しめ、管理に手間がかからないミニバラ。鉢植え、寄せ植えにも向いています。

ゼプティ

苗を買う

苗の種類と購入時期、それぞれの特徴を知り、自分に合った苗を選びましょう。

苗の種類

バラの苗木は「新苗」「大苗」「開花株」「長尺苗」に分けることができます。新苗は、台木につぎ木して間もない苗。大苗は、新苗を1年間、農場で育てて、秋から冬にかけて掘り上げた苗です。大苗は品種数の豊富さも特徴です。

開花株は初心者でも安心

鉢に植えた大苗を専門家が育て、翌春以降に蕾や花がついた状態で販売されるのが開花株です。しっかりと株ができているので初心者でも扱いが楽で、花も確認できるというメリットがあります。

つる性のバラやシュラブローズの枝を伸ばした状態で売られるのが長尺苗です。すぐに目的の場所に誘引できる便利さが特徴です。

リナルド

新苗

【流通時期：4月下旬〜6月中旬】

まだ幼い苗なので、しっかりとした苗に育てるためには、それなりの栽培技術も必要です。安価で、新品種をいち早く手に入れられるというメリットがあります。

開花株

【流通時期：4〜6月、10〜11月】

前年の秋まで畑で育てられた大苗を鉢に植え込み、半年以上プロが育てたもの。価格は新苗より高いですが、初心者でも安心です。

大苗

【流通時期：10月中旬～3月】

新苗を1年間農場で育て、秋から冬にかけて掘り上げたもの。掘り上げた苗をそのままビニール袋などに詰めたものを裸苗といいますが、今は鉢植えにしたものが主流です。品種数が豊富なのも特徴です。

裸苗

【流通時期：
10～3月】

裸苗は価格や送料が安いのが利点ですが、入手したらすぐに植えつける必要があります。

プリンセス クレア
ドゥ ベルジック

長尺苗

【流通時期：秋～春】

つるバラや、つるとして使えるシュラブローズの枝を伸ばしたもの。そのままアーチやトレリス、オベリスクなどに誘引し、春には開花を楽しめます。

大苗から育てる

鉢植えのまま楽しむ場合も庭植えでも、
1年目はしっかり管理しましょう。

植えつけ時期は2シーズン

大苗を庭植えする場合は、購入してすぐに植えつける方法と、ポットのまま春の開花を楽しみ、一番花が終わってから庭植えする方法があります。

バラは一般的に耐寒性がある植物ですが、冬季に植えつけをした場合は、地域によっては不織布で覆うなど防寒対策が必要となります。一番花の後に庭植えする場合は、ポットのままじっくり育ち方を観察できるので、バラの特性がよくわかります。

芽が出たら病害虫防除を

春の花を十分に楽しむには、芽が展開し始める頃から病害虫の防除を始めます。成木になるまではある程度手をかけたほうが、生育がよくなります。

購 入　10月中旬～3月

▼

植えつけ
- 庭植えの場合……購入後、すぐ庭に植える。あるいはポットのまま花を楽しみ、一番花の花がらを切ってから庭に植えつける。
- 鉢植えの場合……そのまま鉢で育て春の開花後に「鉢増し」する。

▼

植えつけ後の管理　3月中旬から殺菌・殺虫剤の散布を開始。ベイサルシュートが出たらピンチする。

▼

春の開花　終わった花は、花がらを切り、房全体の花が終わったら切り戻しする。鉢植えは「鉢増し」を、庭植えも一番花の花後に植えつけ。

▼

夏剪定　8月末～9月初旬。秋に美しく咲かせるための作業。

▼

秋の開花　開花後は、花がらを切る。ただし、なるべく葉を多く残すように。

▼

冬剪定　トレリスやアーチに誘引するなど立体的に仕立てる場合は、剪定・整枝と同時期に誘引を行う。

よい苗の選び方

幹が木質化して充実し、よく締まった苗を選びましょう。
3本くらいある幹のうち、1本は硬く太い幹があるものがおすすめです。

【枝が細いタイプ】

枝が細いタイプのバラも、締まった苗を選ぶように。枝数は多いほうが、花が多くつきます。

【枝が太いタイプ】

木質化している

枝の表面が木質化しているのは、幹が充実している証拠。選ぶ際の目安になります。

【微調整が必要】

しっかりとした太い幹があるよい苗ですが、枝が交差している部分があります。こういう苗は、購入したら微調整します（p28参照）。

年内に葉が出ている苗

年内にすでに葉が出ている大苗は、ポットのまま北風や霜が当たらない場所で管理します。葉はそのままにしておいてもかまいませんが、枝の先端は摘んだほうがよいでしょう。

この部分を指で摘み取ります。

庭植えの場合

たい肥と元肥を用意する

1苗につきバケツ約1杯分のたい肥を用意します。たい肥を入れると土の通気性や保水性がよくなり、バラの根がしっかり育つ環境が整います。

植える際は、穴を掘ってバラの培養土を入れるのではなく、必ずたい肥を元の土と混ぜることが大切です。元肥は植えつけした後に株のまわりに適量を与えましょう。

植える場所の土があまりよくない場合は大きめの穴を掘り、しっかり耕して、掘り上げた土と多めのたい肥をよく混ぜます。

植える大苗

■用意するもの…… たい肥：1苗につき約5～10ℓ（製品や土の状態によって異なる）
元肥：適量（製品によって異なる）

（植えつけ）

1 植える場所の雑草などを取り除き、直径40cm×深さ40cm程度の穴を掘る。

2 土が悪い場合は、直径60cm×深さ60cm程度の大きめの穴を掘る。

3 掘り上げた土の山に、たい肥を適量投入する。

4 掘り上げた土とたい肥をシャベルでよく混ぜる。

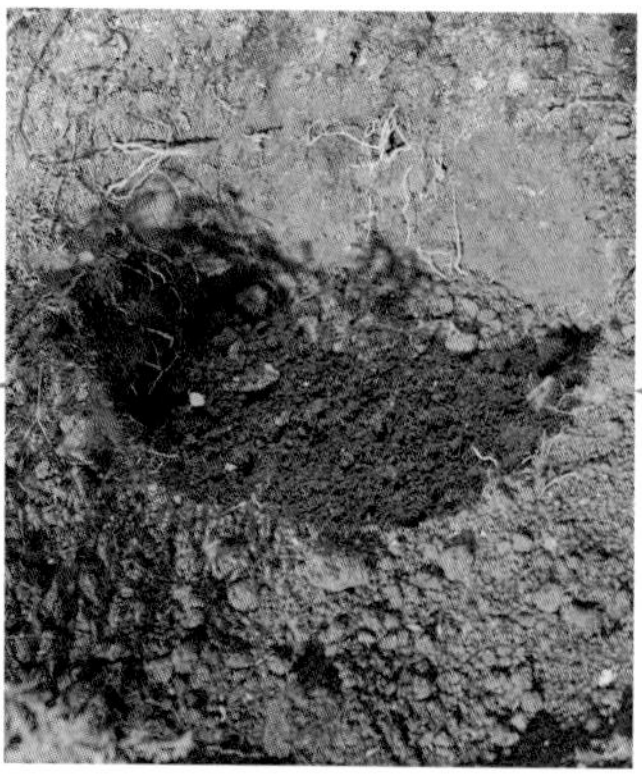
5 土とたい肥を混ぜたものを、半分くらい穴に戻す。

6 ポットを斜め下に傾け、株元を手で支えて苗を抜く。

⑦ まだ、それほど根鉢が回りきっていない状態。

⑧ 冬季に植えつける際は、根鉢をやや崩して広げる。生育期に行うときは、根鉢を崩さない。

⑨ 枝の向きを考えて、根を広げるようにして穴に置く。

⑩ つぎ口が隠れるくらいまで土を入れる。ポットに残った土も入れてかまわない。

⑪ 上から見て、傾いていないかチェック。傾いていたら微調整する。

⑫ まわりに土手をつくり、土手の内側にたっぷりと水をやる。

⑬ 水が引いたら再度、土手の内側にたっぷり水をやる。

⑭ 水が引いたら土の表面をならして、軽く固め、株の根張りまわりに元肥（肥料）を適量与える。

鉢のまま管理する場合

苗の微調整をする

大苗を購入した際、交差枝があったり幹の高さに極端に差がある場合などは、微調整しておくと、春の開花の際、株がまとまります。明らかに蕾《つぼみ》をつけないと思われる細すぎる枝も、切ったほうがよい場合があります。

一番花の後に「鉢増し」を

大苗を鉢のまま管理するのは、「鉢植えで楽しむ」「一番花の後に庭植えする」の2つのパターンがあります。鉢植えで楽しむ場合は、一番花の後、花がらを切ってからひとまわり大きな鉢に植え替える「鉢増し」をしたほうがよい場合があります。

庭植えの場合も、花がらを切ってから植えつけます。生育期に庭植えする際は、根鉢を崩さないようにしましょう。

購入後の微調整

下の苗の例では、左側に枝が交差している部分があります。このまま育てると、いわゆる「交差枝」になり内側が込み合うので、苗のうちに整理します。

赤い点線で囲んだ部分が、交差枝になっている。

1 他の枝にかかっている細い枝は、根元近くの芽の上で切る。

2 これで、枝が伸びても絡まり合わない。

3 一番太い枝は、栄養を多く吸収してぐ～んと高く伸びがちなので、少し低くする。

4 木質化していない場所の芽の1cmくらい上を、水平に切る。

（葉が展開）

p28の左下の苗のその後。
幹から枝が分枝して
しっかりと伸び、葉が展開。
すでに小さな蕾がついています。

4月

5月

ロビン

（開花）

よく分枝し、たくさんの花が開花しています。左下の部分は、すでに咲き終わり、新しく伸びた枝を半分ほど切り戻した状態です。

カップ咲きで、咲き進むとオレンジ色からアプリコット、淡いアプリコットへと変化するのが'ロビン'の特徴。

花がら摘み

房咲きになる花は、咲き終わった花の花首をカットするか手で摘み（花がら摘み）、すべて咲き終わったら、新しく伸びた枝の半分まで切り戻す。

開花株を育てる

開花株の花後や、大苗を鉢のまま楽しんだ場合、鉢増しすると生育がよくなるケースがあります。

花がら切りを忘れずに

開花株を購入した場合も大苗をそのまま育てた場合も、花が終わったら随時花がらを切ります。房咲きの場合は、房の花がほぼ終わったら花後剪定（切り戻し）をします。新しく伸びた花枝の約半分の位置で切るのが基本です。

必要に応じて鉢増しを

鉢のままずっと育てていると、根が張りすぎて、根詰まりしてしまいます。根詰まりを防ぐには、ひとまわり大きい鉢に植え替える「鉢増し」の作業が必要。きちんと水やりをしているのに下葉が黄色くなって落ちたり、新芽の枝先がしおれるのは、「鉢増しをしましょう」のひとつのサインです。鉢増しは、梅雨明けから8月中旬の間は避けたほうが無難です。

クランベリー ソース

花がら切りを終えたところ。

花後剪定（切り戻し）

夏剪定までに咲く花は、原則、新しい花枝の半分の位置で切ります。深めに切ると次の芽が出るまでに時間がかかりますが、十分にエネルギーをためてよい枝が育ちます。

花枝の半分あたりの、芽の上約1㎝のところで切る。

花枝のつけ根。

切った花は、生けて楽しみましょう。

植える苗

クランベリーソース

6号鉢に植えられている苗（右）を、8号鉢（左）に植え替え。

5~7月中旬

鉢増し

鉢植えのバラをひとまわり大きい鉢に植え替えるのが「鉢増し」。一番花後と夏剪定後が適期です。このページではp30の切り戻し後、一連の作業として鉢増しを行っています。

■用意するもの……8号鉢、バラ用の培養土

バラ栽培に特化したプラスチック鉢。鉢底に穴がたくさんあいているので水はけと通気性に優れており、鉢底石は必要ありません。

①8号鉢にバラ用の培養土を入れる。一般的な鉢を使う場合は、鉢底石を入れる。

②根鉢の大きさを考慮して、土の量を決める。

③6号鉢を鉢ごと入れて、ウォータースペースを3㎝以上確保できるかを確認。

④鉢を拳でトントンと叩き、根鉢を緩める。

⑤株元に手を添えて、鉢を斜め下に向ける。

⑥ 根鉢を崩さないように、ポットから抜く。十分根が張っている状態。

⑦ 株のつけ根を持ち、8号鉢の土の上に根鉢を置く。

⑧ 土の表面の高さを確認。ウォータースペースは3㎝が目安。

⑨ 鉢と根鉢の間に培養土を入れる。

⑩ 元の土の表面の高さまで入れたら、鉢を地面に軽く打ちつけて土の隙間をなくす。

⑪ 土が沈んだ分、培養土を足す。

⑫ 鉢底から水が流れ出るまで、たっぷりと水をやる。

プラ鉢のまま楽しむ場合

好みの鉢を鉢カバーに

昨今の大苗や開花株は、バラに向いたプラスチック鉢にバラ専用の培養土を用いて植えられた状態で販売されるのが主流となっています。ですから鉢植えで楽しむ場合は、鉢増しまでの間、そのままプラ鉢で育てるのが根のためにもおすすめです。

ただしなかには、プラ鉢のままではちょっと残念に思う方もいるでしょう。その場合は、好きな鉢を鉢カバーとして用いてはいかがでしょう。鉢増しを兼ねて好みの鉢に植え替えるまでの間、プラ鉢ごと鉢に入れておけば、自分好みの風景をつくることができます。

‘リナルド’の開花株の、購入時の状態。鉢増しするまで、できればプラ鉢のまま育てるのがおすすめ。

プラ鉢ごと、好みの鉢を鉢カバーとして利用。雰囲気ががらっと変わる。

長尺苗の場合

本格的な誘引は冬季に

開花期に購入した場合は、花が終わってから鉢増しをし、アーチやトレリスなどに仮誘引します。生育期なので枝は無理に曲げないように。冬季に本格的な誘引を行います。冬季に購入した場合は、庭植えにする場合も鉢植えの場合も、翌春の枝の伸び方や花の咲き方を想像して誘引します。

開花している長尺苗
（プリンセス クレア ドゥ ベルジック）

冬季の苗（写真は半長尺の‘ペネロペイア’）

新苗から育てる

新苗は小さい鉢で流通するので、購入したらひとまわり大きな鉢に植え替えを。

購入後、すぐに植えつけ

新苗は通常、3.5～4号のポット植えで売られており、土の量も少なく根も張っていないので、購入したらすぐに6号鉢に植えつけましょう。がっしりとした苗に育てると、翌年花つきがよくなります。

花を楽しみたい場合

蕾《つぼみ》がついた新苗をそのまま開花させると、養分が取られるため、苗の生育が遅くなります。そのため新苗の場合、蕾はピンチするようにとよくいわれます。ただ、せっかく蕾つきの苗を買ったなら花を楽しみたいというのも人情。多少苗の育ちが遅くはなりますが、そういう方はぜひ花を楽しんでください。ただし開花しかけたら早めに切るように。切った花は生けて楽しみましょう。

購入　4月下旬～6月中旬

▼

植えつけ
- 庭植えの場合……購入後すぐに、根鉢は崩さずに鉢に植え替えて、鉢である程度大きく育ててから、12～2月に庭植えにする。
- 鉢植えの場合……なるべく早く鉢に植え替える。

▼

植えつけ後の管理　植えつけ時に、原則的に蕾をピンチするか、最初の花を見る。その後、蕾は夏剪定の時期までピンチ。追肥は植えつけの2週間後から。

▼

シュートピンチ　シュートはピンチをして枝数を増やし、がっしりとした苗に育てる。

▼

冬剪定

▼

翌春の開花

植えつけ

つぎ口は、埋めないように。テープが巻いてある場合は取らずに植えつけます。根がしっかり張るまで、支柱はそのままにしておきましょう。

植える苗

リナルド

■用意するもの……6号鉢、バラ用の培養土

① 6号鉢にバラ用の培養土を適量入れる。

② 根鉢の大きさを考慮し、3cm以上ウォータースペースが確保できるように。

③ 新苗をポットごと6号鉢に入れてみて、土の量が適切か確認。

④ ポットを軽くもむと、苗を抜きやすくなる。手で株元を支え、根鉢が崩れないようそっと抜く。

5 根鉢を崩さないように注意して、6号鉢の土の上に苗を置く。

6 鉢と根鉢の隙間に培養土を足す。つぎ口が埋まらないように注意を。

7 鉢を揺すりながら軽くトントン地面に打ちつけ、土の隙間をなくす。

8 土が沈んだ分、培養土を足す。

9 鉢底から水が流れ出るまで、たっぷりと水をやる。

植えつけ完了

蕾《つぼみ》をピンチする（摘《てき》蕾《らい》）

バラは花を咲かせると株の成長が止まります。そこで苗のうちに早く株姿をつくり成長を促進するため、摘蕾を行います。新苗は最初の花を確認したら夏剪定まで、原則として蕾が小さなうちに指でつまんでピンチします。葉はできるだけ残したいので蕾の部分だけを取り除くようにしましょう。

出たばかりの、まだ小さな蕾。

小さい蕾は、指で簡単にもぎ取ることができる。

ピンチした状態。ここから新しい枝が育つ。

ハサミで切る場合

すでに蕾が大きく育っている場合は、ハサミで切るようにします。
場所は、一番上の5枚葉より5㎜〜1㎝上。水平にハサミを入れます。

大きくなった蕾は、3枚葉のところでは切らず、5枚葉の少し上でカット。

蕾を取ると養分が株全体にしっかり回る。

切った蕾は切り花として楽しむ。

夏剪定する

このページの「剪定前」の写真は、p36の新苗が夏まで育った状態です。枝の高さが不均衡だと、高い枝だけに栄養が行ってしまいます。8月末~9月上旬に夏剪定すると、揃った高さで秋の開花が楽しめます。

※夏剪定について詳しくはp70参照。

剪定前

枝が増え、1本はぐ～んと枝が伸びており、高さが不均衡に。

リナルド

ほぼ高さを揃えて剪定。約40日後に秋の開花が楽しめる。

剪定後

❶ぐ～んと伸びた枝は、他の枝と高さを揃えて切る。

❷開花した枝は、5枚葉の上で切る。

❸それ以外の枝は枝先を少しずつ切ると、そこから新しい枝が伸びて蕾をつける。

切った開花枝はミニ生け花に。'リナルド'の花色と同系色のトラディスカンティアを添えて。

切った枝や花がらなど

枝先はこの写真くらい切るように。また細くて貧弱な枝も枝元からカット。

PART 2

年間のバラ仕事

オデュッセイア

バラのつくり

名称を覚えましょう

バラの基礎的な知識として、つくりと名称を覚えましょう。日本で流通している苗木の主流は、ノイバラを台木に用い、それぞれの品種の穂木をつぎ木したものです。ノイバラは日本の環境で生きてきた野生種なので、高温多湿になりがちな日本の気候に適しています。

花は新しい花枝に咲く

植えて生育状態がよいと、つぎ口付近から太い枝が出てきます。これをベイサルシュートといいます。既存の枝の途中から伸びる勢いのある枝は、サイドシュートといいます。花は、葉のつけ根から伸びた新芽が花枝になり、その先端につきます。開花後に花枝を切ると、そこからまた新しい芽が伸び、四季咲き性や繰り返し咲きのバラの場合、再び先端に花をつけます。

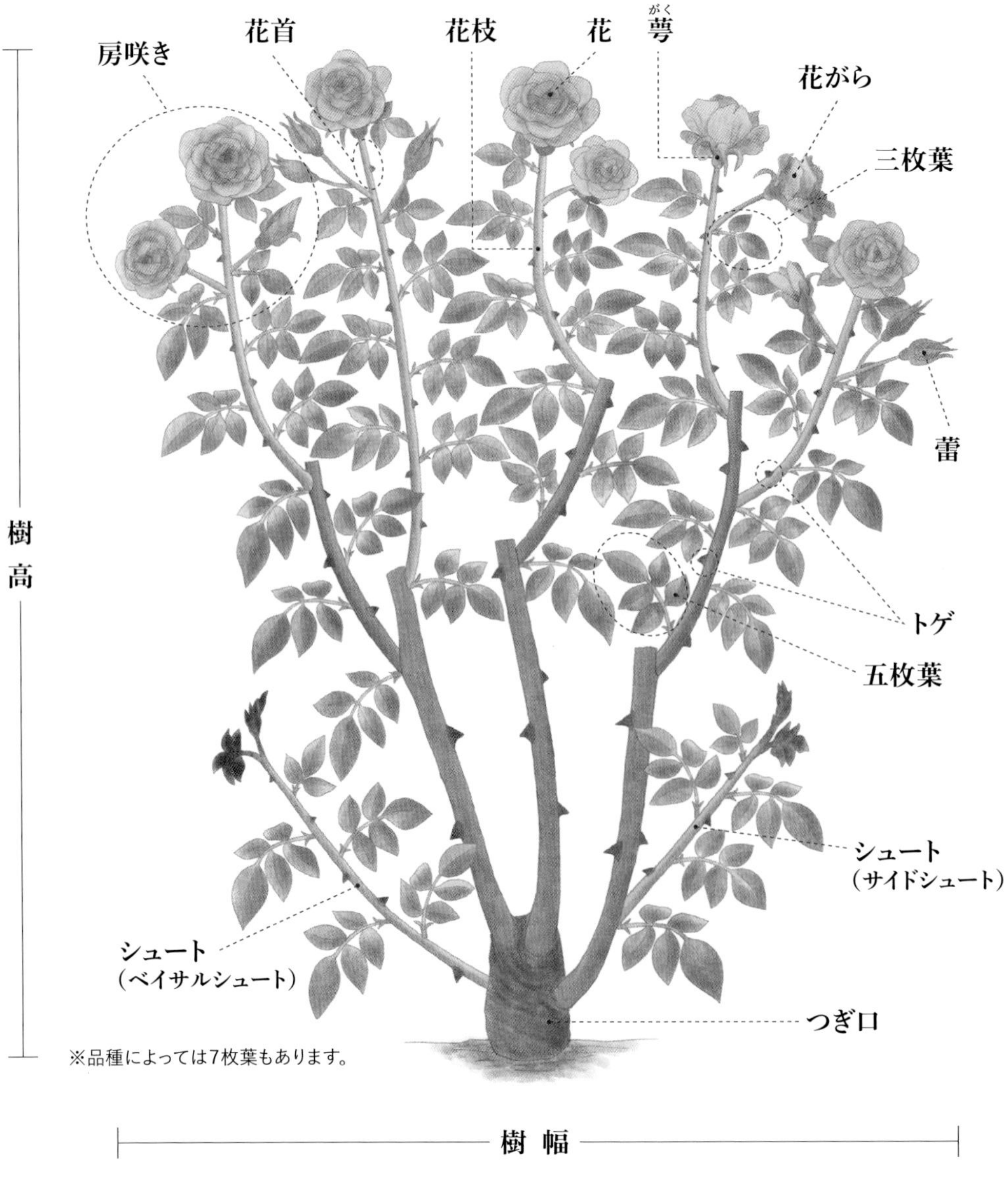

※品種によっては7枚葉もあります。

バラ仕事の道具

ここで紹介しているのは、バラを栽培するための基本的な道具類です。
バラはトゲがある植物なので、手を守るためのバラ用手袋は必需品。
また、オベリスクやトレリスに誘引するには
結束するためのバンドかワイヤー、麻ひもなどが必要です。
それ以外は、特別な道具は必要ありません。

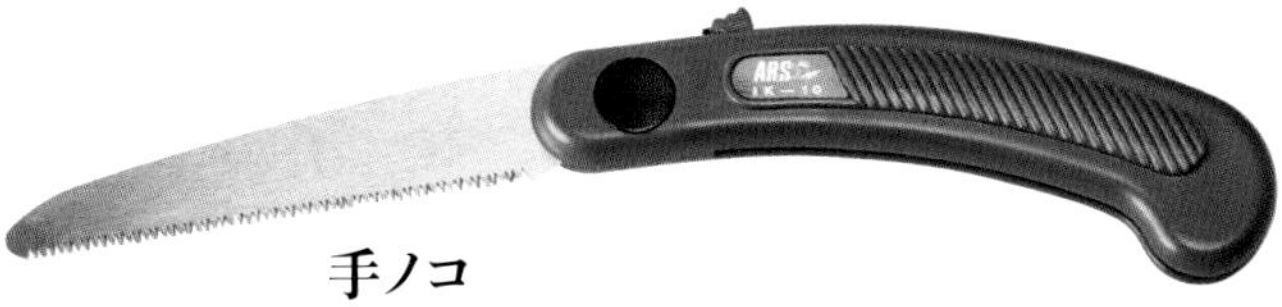

手ノコ

太めの枝を切る際に使います。刃をしまえる折りたたみ式の小型のもので十分です。

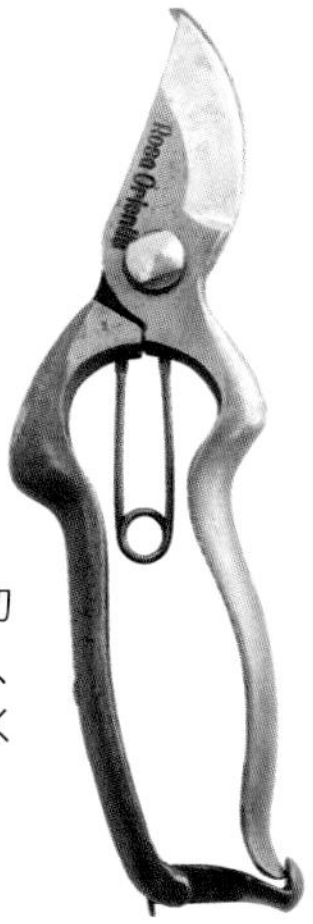

剪定バサミ

花がら切りや剪定に使います。切れ味が悪いと切断面がつぶれて、枯れ込みの原因になるので、よく切れるものを選びましょう。

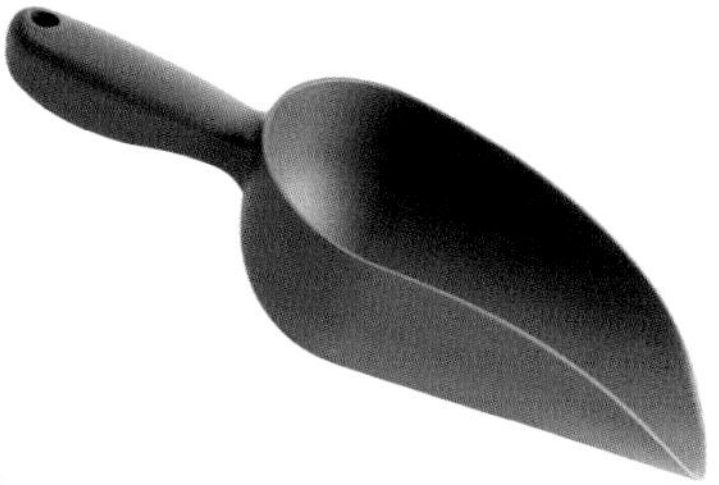

土入れ（スコップ）

鉢植えの際、鉢に土を入れるために使います。

誘引用のバンド

つるバラやシュラブローズをトレリスやオベリスクなどに誘引する際に使います。ビニールコーティングしているなど、やわらかいものが茎を傷つけません。

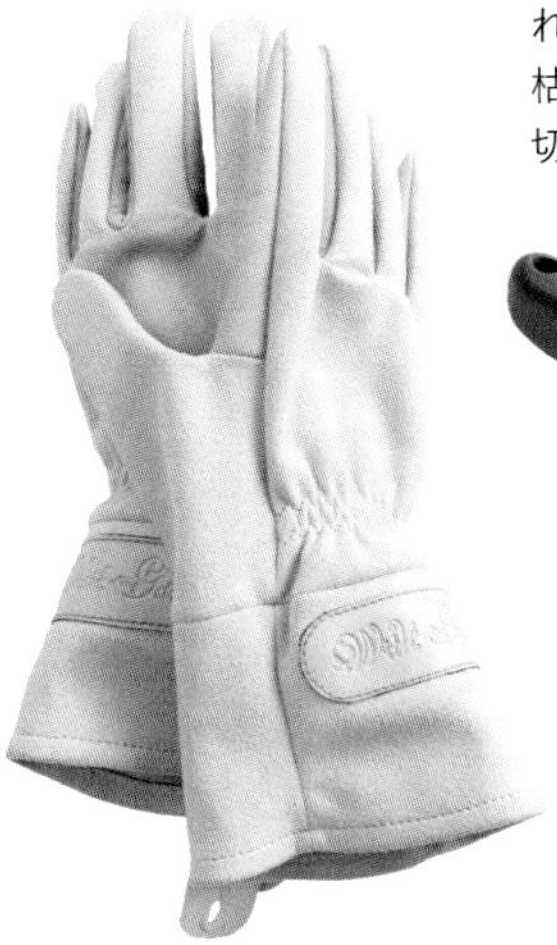

手袋

トゲから手を守るため、トゲを通しにくい革や合成皮革製などバラ栽培向きの手袋を選びましょう。手首の部分も守れるタイプがおすすめです。

ジョウロ

鉢植えの水やりをする際に使います。蓮口をはずせるタイプのものがおすすめです。

シャベル

庭植えにするときに穴を掘ったり、たい肥や土を掘り穴に戻す際に使います。

バラが好む環境

庭植えは場所を見極める

バラは「樹木」という性質上、品種にもよりますが、本来は丈夫な植物といってもよいでしょう。環境さえ合えば、健康に育ち、毎年花をつけてくれます。

鉢植えの場合は、よりバラが好む環境を求めて移動させることが可能です。一方、庭植えの場合は、いったん庭に植えてしまうとなかなか移動させるのは大変です。最初に植えつける際、バラが好む場所を選ぶようにしましょう。

《日照》

バラが好むのは、半日以上日が当たる場所。日照が足りないと軟弱に育ち、花つきも悪くなり、病気にかかりやすくなります。できれば西日は避け、午前中に日の当たる場所を選びましょう。

《通風》

風通しがよいことも、バラを栽培するうえで大切なポイントです。風通しが悪いと蒸れてしまい、病害虫の被害に遭いやすくなります。

《土壌》

通気性と水はけがよく、有機質をたっぷり含んだ土を好みます。庭植えする場合は、植える場所の土の状態を確認し、水はけが悪いようなら多めにたい肥や腐葉土を混ぜ込むなどしましょう。

《水》

バラは成長期に多くの水を吸収し、乾燥が続くと枯れてしまいます。かといって、過湿状態では根腐れを起こします。「湿ったり、乾いたり」の繰り返しが、根を健康に育てるコツです。

土について

鉢植えは専用土で

バラを育てるコツは、健康な「根」を育てること。そのためには、土が重要です。バラ上級者のなかには、赤玉土やピートモス、もみ殻くん炭、たい肥などを自分流に配合して鉢植え用土にする人もいます。

最近はバラの生産者や園芸用品メーカーから、バラ専用の培養土が販売されています。鉢植えにする際は、そういった専用土を用いると手軽で安心です。庭植えの場合は、土の状態に合わせて、たい肥の量を調節しましょう。

バラ専用培養土
排水性や保肥力などを考慮し、バラに向いた配合がされています。

たい肥
庭植えの際や鉢植えのマルチングに使います。バラ専用に配合されたものも販売されています。

鉢について

素焼き鉢とプラ鉢の違い

鉢には、バラを健康に保つ役割と、美観の2つの観点があります。素焼き鉢はおしゃれで美観に優れていますが、重いのが難点です。また、通気性に優れていますが、鉢の側面からも水分が抜けるので夏季など、水切れしやすい特性があります。

プラスチック製の鉢は、水もちがよく、水切れの心配は減りますが、その分、過湿に注意する必要があります。また軽いので持ち運びには便利ですが、台風の際などは倒れないよう対策が必要です。

素焼き鉢
ナチュラルな雰囲気と風格がありますが、割れやすく重いという難点もあります。

プラスチック鉢（プラ鉢）
バラ栽培に向いているのは、6～10号鉢。水はけを考慮して底に穴をたくさん設けたり側面にスリットが入った鉢など、鉢底石を使わなくてすむものもあります。

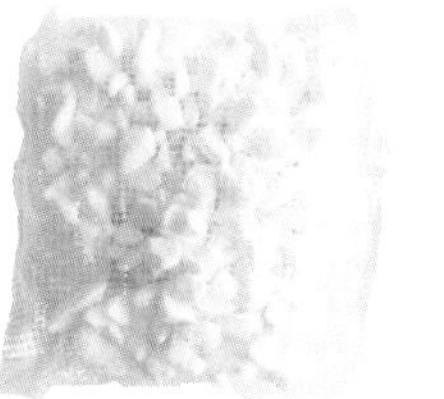

鉢底用パーライト
素焼き鉢や鉢穴がたくさんあいていないプラ鉢を使う場合は、鉢底石やパーライトなどを使います。ネットに入れて使うと、植え替えや鉢増しの際に便利です。

バラのサイクル

休眠期と生育期がある

バラは3月から11月が生育期。春になると一気に新芽を伸ばし、開花準備にかかります。四季咲き品種は、春の一番花が咲き終わり、花後に花枝を切ると、二番花が咲きます。

夏はバラにとって過酷な季節。いったん花を休む品種も少なくありません。夏を上手に乗り切り、適切に夏剪定を行うと、秋にまた開花を楽しむことができます。

休眠期は作業適期

最低気温が15℃を下回ると新芽を伸ばすのをやめ、秋の開花が終わると休眠の準備に。5℃を切ると休眠を始めます。休眠中は環境の変化の影響を受けにくいので、強剪定や誘引、植え替えなどの作業に向いている季節です。

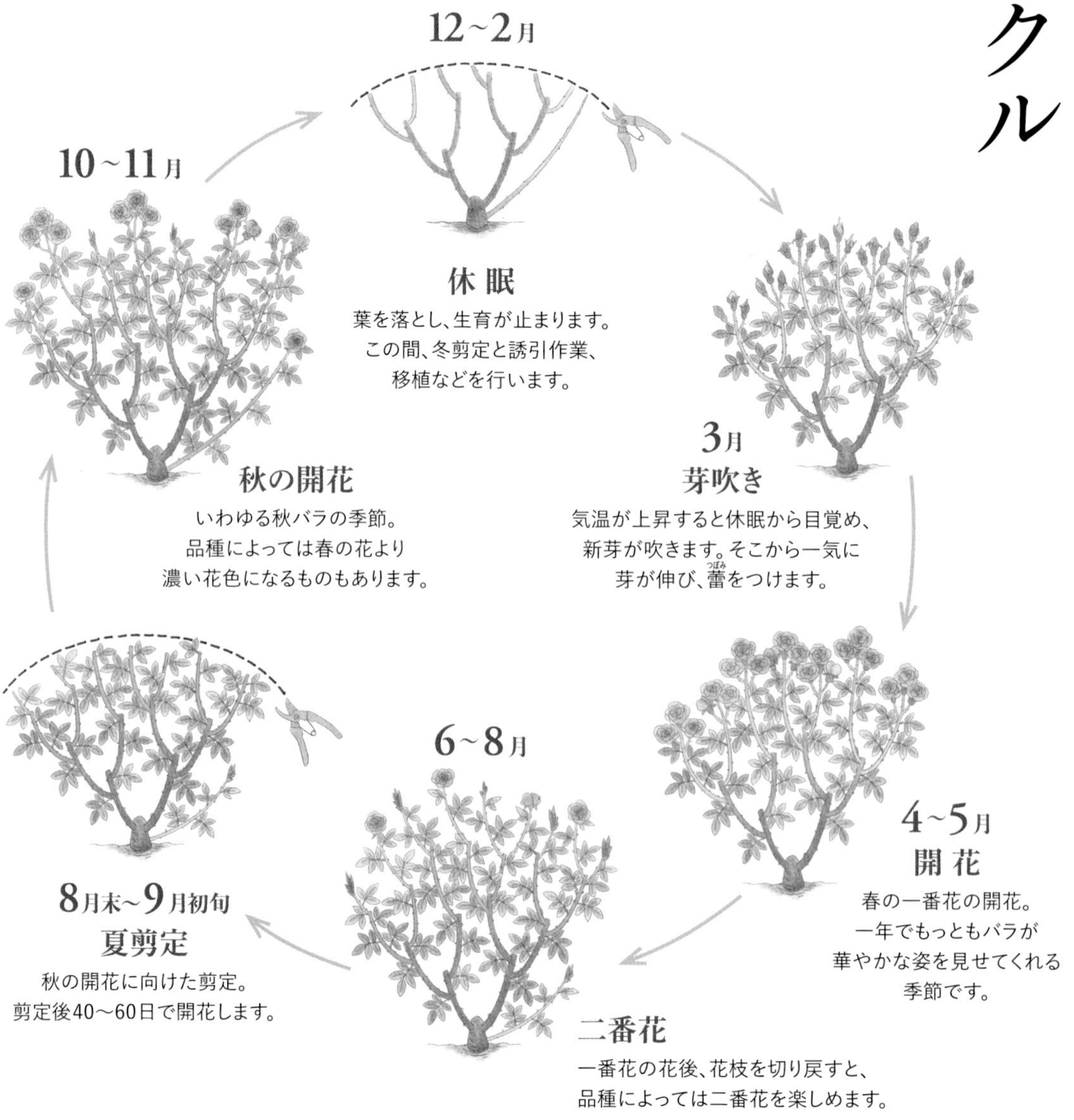

管理の基本

季節によって必要な管理を

バラを健康に育て、美しい花を楽しむには、季節に応じて適切な管理が必要です。代表的かつ必須の作業は、以下の通りです。

❶病害虫防除（詳しくはp48）
❷施肥（p50）
❸花がら切り（p53）
❹冬剪定・誘引（p58）
❺夏剪定（p70）

バラのタイプや性質によって、作業方法に違いがあります。それぞれについては、各ページをご覧ください。

苗木のうちは手をかけて

バラの管理の手間は、「苗木か成木か」「鉢植えか庭植えか」「どんなタイプのバラか」によって変わってきます。一般的に苗木の場合、成木になるまでは手をかけてやる必要があります。成木になれば、タイプによっては管理の手間が軽くなります。

HTやFL（p10）など従来のモダンローズは、手間を十分にかけて花を咲かせるのが原則でした。それに比べると、シュラブローズはそこまで手をかけなくても花が楽しめるものが少なくありません。

バラを選ぶ際の目安に

下の表はp18の「バラのタイプ・ABC」に基づいた、基本的な作業の目安です。この表からもわかるように、殺菌剤散布をなるべく減らす、ないしはオーガニック栽培を目指したいという方は、タイプBやタイプCのバラを選ぶことをおすすめします。そのうえでバラがより健康に育つよう、日照や風通し、土壌などの条件を整えることが大事です。

バラのタイプABC別（p18〜21）の作業目安

バラのタイプ別に、剪定や殺菌剤散布、施肥などの目安をまとめたものです。
栽培のためにかかる手間の目安にしてください。

タイプ	花		樹と栽培						
	大きさ	開花	樹勢	枝の伸び	剪定（成木）	耐病性	殺菌剤の散布	施肥 苗木	施肥 成木
A1	大	○〜△	◎	◎	強	△	多 月3〜4回	多	多
A2	中〜小中	○	△	△	弱	△	多 月3〜4回	少	少
B	中〜小中	○〜△	◎	◎〜○	強	○〜◎	中 月1〜2回 〜年2回	中	少
C	中・小中 〜小	◎ 連続	◎	△〜○	弱	◎	少 月1回 〜年3回	中	少

※殺虫剤は別に散布（p48参照）。

バラ12カ月栽培・管理カレンダー

バラを美しく咲かせるためには、季節とバラの生育に応じて、
適切な「バラ仕事」を行う必要があります。本書では主に近年作出された、
新しいバラに適した栽培法について紹介しています。
それぞれの季節に必要な管理と年間の流れを覚えて、
バラ栽培の概要をつかみましょう。

4月	3月	2月	1月	
蕾がふくらむ 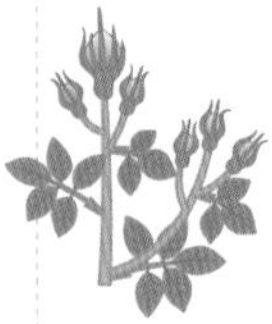	芽出し 	休眠 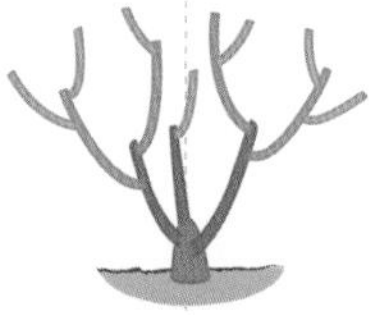		バラの状態
		大苗の植えつけ	植え替え	植えつけ・植え替えなど
			冬剪定 芽が動く前に誘引	剪定・誘引など
			寒肥（庭植え）	肥料
	冬剪定後～開花前まではとくに			薬剤
		土の表面が乾いたら		水やり： 鉢植え
				水やり： 庭植え
		大苗の販売		苗の流通

※施肥や薬剤散布の頻度は、p18~21にご紹介したバラのタイプA、B、Cによって変わってきます。頻度の目安は、p45の表をご覧ください。

※このカレンダーは、関東平野部の気候を基準に作成しています。地域やその年の気候、栽培環境によって、生育状況が多少異なることがありますので、おおよその目安とお考えください。

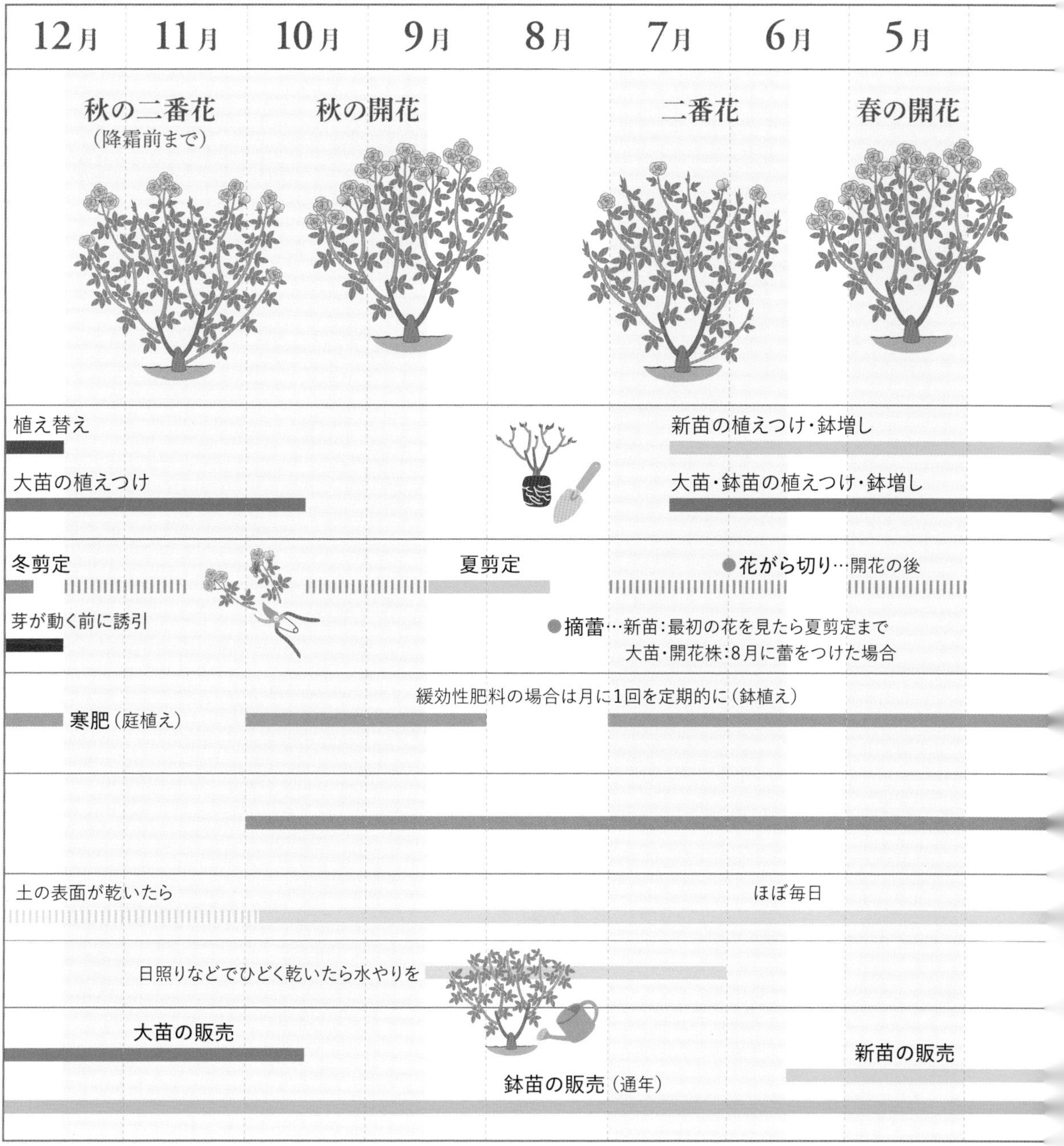

病害虫防除

葉を守るのが大事

バラは葉で光合成を行い、自らエネルギーや栄養分をつくり、健やかに育っていきます。病気や害虫によって葉を落としてしまうと、光合成が十分にできなくなるため株が弱り、健全な生育ができなくなります。

葉を守るためには、病害虫防除は欠かせません。何種類かの病気や害虫に効くスプレー式のバラ専用薬剤や、根から吸収させる浸透移行性の薬剤などがありますので、適宜使用をおすすめします。

開始は芽吹き時

黒星病の菌は、休眠期も芽の根元に潜んでいることがあります。そのため新芽のときに薬剤散布を開始するのが、葉をきれいに保つコツです。開花が近づくにつれ、アブラムシを始めとした害虫も多く発生します。また、梅雨時はもっとも病気が発生しやすい季節。よく観察して、病気や害虫が広がる前に予防を心掛けましょう。

秋は休眠に向けて養分を蓄える時期。しっかり光合成を行えるよう葉を残すことを心掛けましょう。

スプレー式

殺虫成分と殺菌成分配合の手軽に使えるスプレー式の薬剤。

浸透移行性薬剤

株元にまいておけば、根から吸収して害虫を防除。

バラに使いやすい殺虫殺菌剤

病気や害虫の種類によって効く薬剤が違い、使い分けるのは大変です。
バラの主な病気、害虫に効果があるように配合された殺虫殺菌剤を使うと、手間が省けます。

殺菌剤

マイローズ殺菌スプレー

バラの黒星病やうどんこ病対策に、予防効果と治療効果を兼ね備えた殺菌スプレー。浸透移行作用があり、そのままスプレーするだけで病原菌の細胞膜成分の合成を阻害し、病気を防除。

殺虫殺菌剤（殺虫成分と殺菌成分入り）

ベニカX ネクストスプレー

5種類の有効成分を配合した、最新の殺虫殺菌スプレー。うどんこ病、黒星病の予防と治療、アザミウマ、アブラムシ類、ハダニ類、チュウレンジハバチ、ハスモンヨトウなどバラの主な害虫に効果がある。

ベニカX ファインスプレー

うどんこ病、黒星病の予防と同時に、害虫を防除する殺虫殺菌スプレー。病原菌の細胞膜を阻害し、植物への侵入を防いで病気を予防。害虫には速効性と持続性を実現。常備用におすすめ。

ベニカXガード粒剤

バラの生育期に株元の土にばらまくと、殺虫成分が根から吸収されて薬効が葉の隅々まで行きわたり、害虫の被害から植物全体を守る。また、微生物の作用により植物の抵抗力を高め、丈夫にすることで病気を予防する。

主な病気

うどんこ病

冷涼で夜露が降りる春先から発生。風通しが悪く空気がこもった状態で発生しやすい。若い葉や蕾、花首などに白い粉のようなカビが生える。

黒星病

葉に黒い斑点が出て、やがて葉が黄変して落葉する。梅雨時や秋など雨の多い時期に発生しやすい。病原菌は芽先や落ち葉でも越冬する。

注意したい害虫

カミキリムシ

幼虫の別名はテッポウムシ。成虫が地際に卵を産み付け、幼虫は幹や株元の内部を食い進んでいく。

チュウレンジハバチ

成虫が若い枝に産卵管を突き刺して卵を産み、孵化した幼虫は集団ですごい勢いで葉を食べる。

アブラムシ

新芽や蕾など、やわらかいところに集まり汁を吸う。ウイルス病、すす病などを媒介することもある。

ハダニ

主に葉裏に集団で寄生し、吸汁。葉に淡黄色～白色の斑点が出てやがて落葉する。多発生するとクモの巣のように糸がかかる。梅雨明け～夏にとくに出やすい。

ヨトウムシ

夜行性の蛾の幼虫。夜間に葉脈を残して葉や蕾《つぼみ》を食害する。若い幼虫は若草色で、成長すると褐色になる。

バラシロカイガラムシ

枝の表面に白く粉状のものや貝殻のようなものが貼りつき汁を吸う。風通しが悪いとつきやすい。

バラゾウムシ
（クロケシツブチョッキリ）

象の鼻を思わせる長い口吻で若い茎に穴をあけ加害、産卵管を入れて産卵。幼虫は枯死させた蕾を食べる。

スリップス（アザミウマ）

1～2㎜の虫が花や蕾、葉などに入り込み汁を吸う。被害に遭うと花弁のふちに茶色の染みが出てきれいに咲かなくなったり、葉にすり傷のような跡がつく。

コガネムシ

幼虫は土中で根を食害。成虫は花や葉を食害する。

幼虫

ヒメコガネムシ

肥料について

ゆっくり、じんわりが理想的

　肥料には、大きくわけて速効性肥料と緩効性肥料があります。速効性肥料は液体状で、与えるとすぐに効果が出ます。緩効性肥料は固形状・粒状で、肥料濃度を急激に高めることなく、じっくりと効果が持続します。

　肥料に関しては、鉢植えと庭植えでは考え方が異なります。鉢植えの場合は限られた土で育つため、必要な養分が足りなくなりがちです。不足分を補うため、基本は新芽が2～3cm伸びた3月から休眠期に入る10月まで、8月を除いて月に1回の頻度（製品によって異なる）で置き肥を施します。肥料の量は、苗木か成木か、繊細なバラかそうでないかによっても変わります。一般的に苗木は、成木になるまでは肥料の力を借りてしっかり育てるほうがよいでしょう。

　ただし樹勢が弱く繊細なバラは、肥料のパッケージに表示してある適量よりやや少なめに与えるのがコツです。また、株が弱っているときには肥料は与えないようにしましょう。

庭植えは冬にたい肥と一緒に

　庭植えのバラの場合、従来のHTやFL（p10）は冬季と花後に肥料（お礼肥ともいう）を与えるのが一般的でした。ただし近年のシュラブローズは、年に1回、冬季にたい肥と共に有機肥料を与えるだけで大丈夫なものがほとんどです。バラのタイプによって肥料の適量が違い、なかには成木になったらあまり肥料を必要としない品種もあります。p45の表やp141からのバラ図鑑を参照してください。

土壌を元気にするたい肥

たい肥はバラを庭植えにする際や、冬季にマルチング代わりに使うと、土の状態が改善されます。

●特選有機バラのたい肥

土壌を元気にする力が強く、土がふかふかに。しっかりとした根が張り、連作障害にも効果を発揮する。

バラに特化した培養土

鉢への植えつけや植え替えの際は、バラに適した肥料等があらかじめ配合されている専用の培養土を使うと手間がかかりません。

●特選有機バラの土

たっぷりの有機原料や地力アップ原料が配合された、バラ栽培に特化した培養土。根がしっかりと張り、バラが健康に育つ。

ゆっくり、じっくり効く肥料

植えつけ・植え替え時に元肥として使用する肥料と、追肥用の肥料を使い分けましょう。

●マグァンプ®K

植えつけや植え替え時に元肥として土に混ぜるだけで、ゆっくり長く効き続け、植物の生育をよくする。元肥には中粒と大粒があるが、バラには効果が約2年間続く大粒がおすすめ。

●ブリリアントガーデン
バラのまくだけ肥料

バラの生育に必要な成分をバランスよく配合し、さらに有機成分を配合した緩効性肥料。根の張りをよくし、花がたくさん大きく咲く。土の表面にまいて使え、鉢植え栽培の追肥に向いている。

庭植えの施肥（元肥）

■用意するもの……
バラ専用有機肥料
たい肥

庭植えのバラは、休眠期にたい肥と一緒に肥料を与えます。宿根草が植わっていてリング状に施肥できない場合は、ところどころに穴を掘り、肥料とたい肥を土に混ぜて穴に戻しましょう。

① 株元ぎりぎりではなく30〜40cm離れたところに、適量の有機肥料をまく。

② リング状に肥料をまき終えたところ。

③ たい肥を肥料の上にかぶせる。

④ たい肥をかぶせ終わったところ。

⑤ シャベルで肥料とたい肥を混ぜ、土を少し掘り、土と混ぜる。

⑥ 施肥が完了。土を少し掘ることで、土の通気性がよくなる。

鉢植えの施肥（追肥）

肥料が多すぎるとかえって害があるので、パッケージの表示を見て適量を守るように。

固形肥料を用いる場合は8月を除き、月に一回の頻度で土の上にまきます（製品によって異なる）。有機肥料の場合、少し土の表面に、埋めるようにしてもかまいません。

シュートピンチ

シュートは2種類

シュートとは、株元付近や枝の途中から勢いよく伸びる新しい枝のこと。株の根元近くから出るものを「ベイサルシュート」、枝の途中から出るものを「サイドシュート」といいます。シュートは、次世代を担う大切な枝。シュートが発生すると、古い枝は徐々に衰退し、やがて枯れていきます。

シュートは早めにピンチを

大事な枝だからといって、シュートを伸びるまま放置するのはよくありません。その枝だけぐんと伸びて他の枝から養分を奪うため、樹形が崩れてしまったり、かえって花が少なくなりかねないからです。シュートが若いうちにピンチして分枝させると、株全体のバランスがとれます。

赤い点線で囲んでいる部分がベイサルシュート。
（p69の‘クリスティアーナ’の開花前の状態）

シュートをピンチする

❶根元から出てきたベイサルシュート。

❷早いうちならハサミを使わず、指でピンチできる。

❸シュートの先を指でピンチ。このくらい取れば大丈夫。

❹ピンチし終えたところ。ここから分枝して伸びていく。

花後剪定（切り戻し）

よい二番花を咲かせるために

花後剪定（切り戻し）は、次の花を咲かせるために欠かせない作業です。一番花を咲かせた枝を切り戻すと、40～60日後に次の花が咲きます。花後剪定には、株の消耗を防ぐ目的もあります。とくにまだ成木になる前の若い木の場合は、株を充実させるためになるべく早く切るようにしましょう。

切る位置は、花枝の元と花の中間くらい。深めに切ると次の芽が出るまで時間はかかりますが、エネルギーを蓄えたよい芽が出ます。

秋の開花後は、光合成をさせるためになるべく葉を残すのが原則。休眠期に入るまでに、しっかり養分を蓄える必要があるからです。場合によっては、脇芽が出て再び蕾《つぼみ》をつけることもあります。

春の一番花～二番花の花後剪定

枝がよく伸びる品種は花枝の1/2あたりを。
それほど枝が伸びない品種や
高い場所で咲かせたい場合は
先から1/3あたりで切ります。

一枝一花の品種の花後剪定

花枝の真ん中あたりの五枚葉の上5㎜～1㎝の場所を水平に切る。花がら切りは随時。

房咲きの品種の花がら切り

咲き終わった花から花首のつけ根を切り（花がら切り）、房全体が咲き終わったら花枝を切り戻す。花首が細くやわらかい場合は手でむしって摘むこともできる。

枝がよく伸びる品種の花後剪定の目安

秋の花後剪定

三枚葉の5㎜～1㎝上で水平に切る。

春の花後剪定

新しく伸びた花枝の、上から1/3～1/2の場所で切る。五枚葉を最低3枚は残すように。

花枝の元

剪定の基本

剪定をする理由

剪定には、次のような目的があります。

- ●樹形を整えてほどよい高さで花を咲かせる。
- ●枝の更新や株の老化防止。
- ●風通しをよくして病害虫を防ぐ。

剪定をしないままでいると、枝が野放図に伸びてしまい、美観を損ねます。また枝がよく伸びる品種だと高い位置で咲いてしまい、花を見上げなくてはならなくなります。枝が込みあえば通風が悪くなり、病害虫の原因にもなります。健康に美しくバラを育てるために、剪定は欠かせない作業です。

冬剪定と夏剪定の違い

剪定のメインは12月下旬から2月中旬に行う冬剪定です。休眠期に高さを調整すると、見たい高さに花が揃います。また、枝を短くすることでシュートが出やすくなり、株の新陳代謝にも役立ちます。

8月末から9月中旬に行う夏剪定は、「花が咲く位置を下げ、なるべく一斉に秋バラを美しく咲かせる」ことを目的に行います。品種にもよりますが、切ってから40～60日で秋バラが開花します。

品種によっても違いがある

従来のHTやFL（p10）は主にシュート更新の目的で剪定が行われましたが、最近のシュラブローズは樹形を整える剪定を行うのが主流。苗木のうちは浅めに、成木になって勢いのある枝が出てきたら深めに剪定するのが原則です。ただし枝の伸び方や樹形は品種によって多種多様なので、剪定の基本に当てはまらない場合もあります。どの位置で切ると次の花がよい状態で咲くか、チャレンジしながら品種の個性を掴んでください。

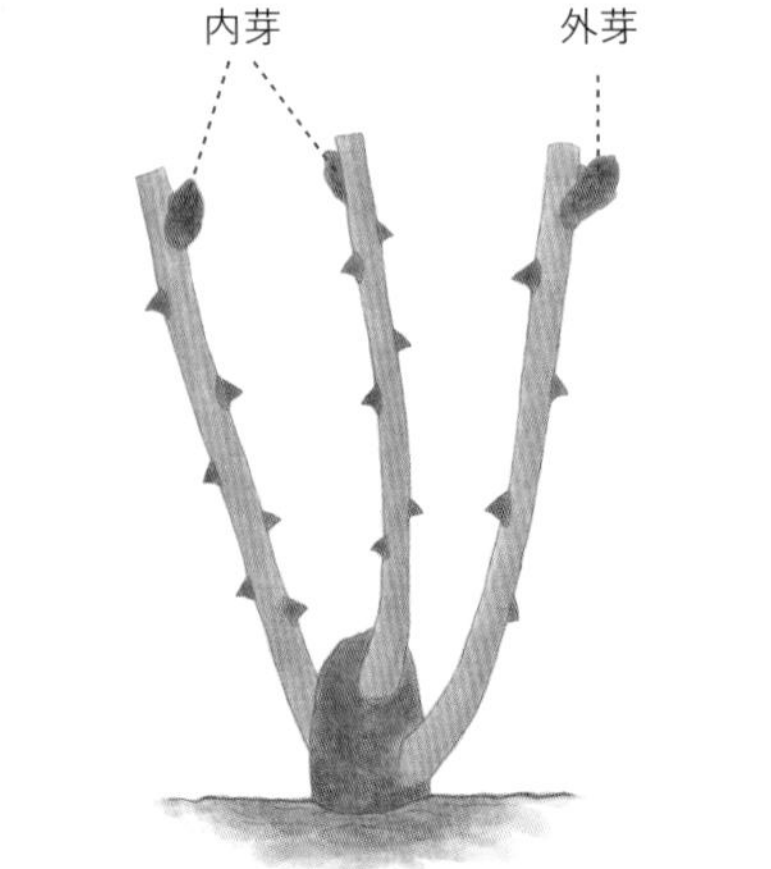

外芽と内芽

株の中心に向いてる芽を「内芽」、外側に向いている芽を「外芽」といいます。シュラブローズの場合は内芽、外芽にあまりこだわらなくても大丈夫ですが、木立性で枝が直立するタイプのバラは、外芽の上で切ったほうが、株の内側が込み合いません。

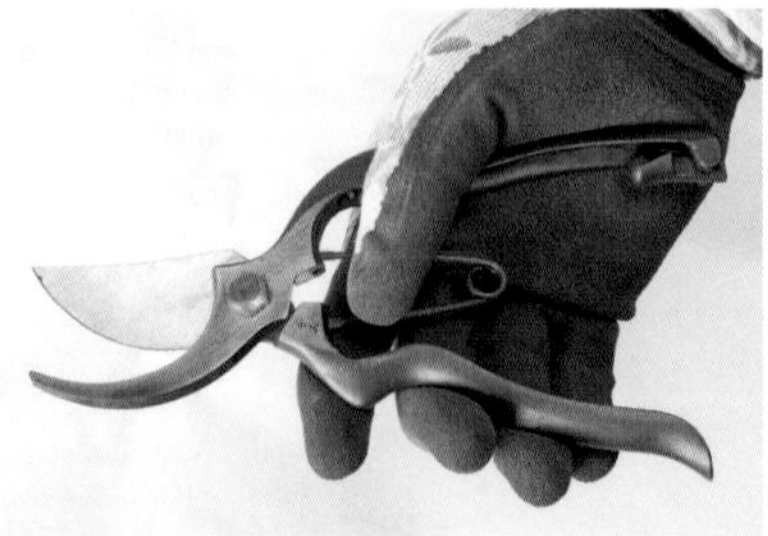

ハサミの持ち方

刃が小さいほうの「受け刃」が下になるように持ちます。

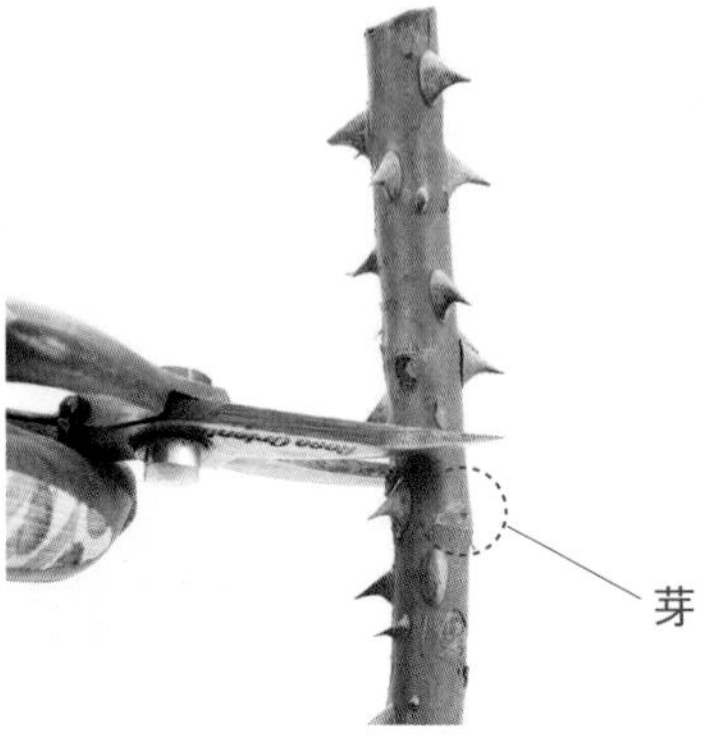

ハサミの入れ方

芽の5㎜～1㎝上を、水平にスパッと切ります。ハサミは、残す側に刃の大きい「切り刃」がくるようにして使います。この写真の場合、切り刃が下になります。

伸びるバラの剪定と誘引

休眠期に剪定・誘引を

つるバラや枝が伸びるタイプのシュラブローズは、オベリスクやアーチなどに誘引して立体的に楽しむことができます。誘引は、休眠期に行うのが基本。それまでの誘引をはずし、枯れ枝や細すぎる枝などを枝元から切るなど剪定作業を行ってから誘引し直します。

シュラブローズは段切りに

従来のつるバラは、「前年に伸びたシュートを水平に誘引」が基本。枝の先端にある頂芽に優先的に栄養がいく「頂《ちょう》芽《が》優《ゆう》勢《せい》」という性質から、シュートを立てておくと上方にしか咲かないからです。一方でシュラブローズのなかには、枝を寝かせても花が増えない品種もあります。シュラブローズは一般的に、段差剪定にし、斜め上に誘引します。

フェンスに誘引

従来のつるバラ 前年に伸びた枝をなるべく水平に誘引する方法。短めの花枝がたくさん出て、咲き揃います。一季咲きや繰り返し咲きなど、従来のつるバラは主にこの方法で誘引。

シュラブローズ 前年に伸びたシュートの先端近くから長めの花枝を伸ばし咲くタイプ。主に中輪～大輪のシュラブローズにこのタイプが多く、段差剪定をすることで、株全体が花に覆われます。

オベリスクの場合

オベリスクもフェンスと同様、従来のつるバラは枝を水平に寝かせ
シュラブローズは一般的に段差剪定をして誘引します。

【シュラブローズ】

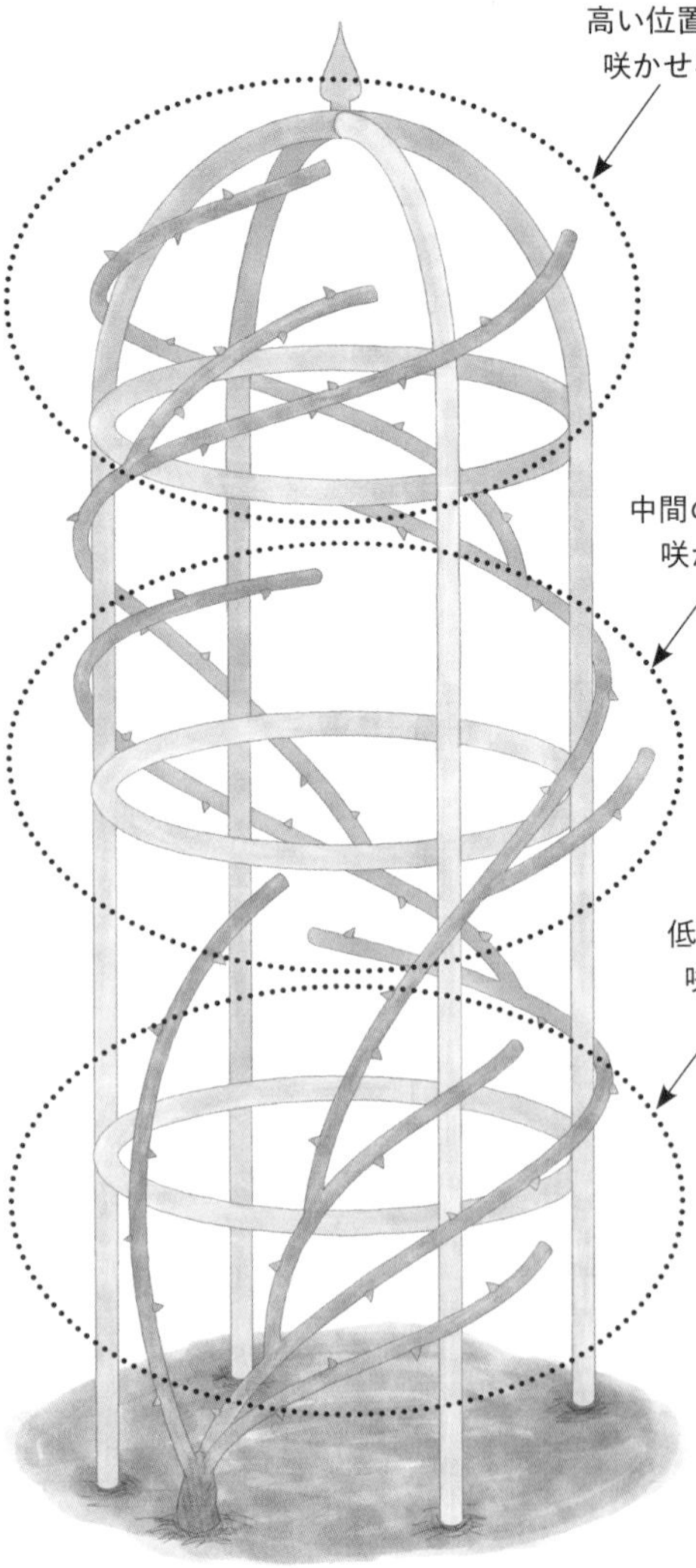

【従来のつるバラ】

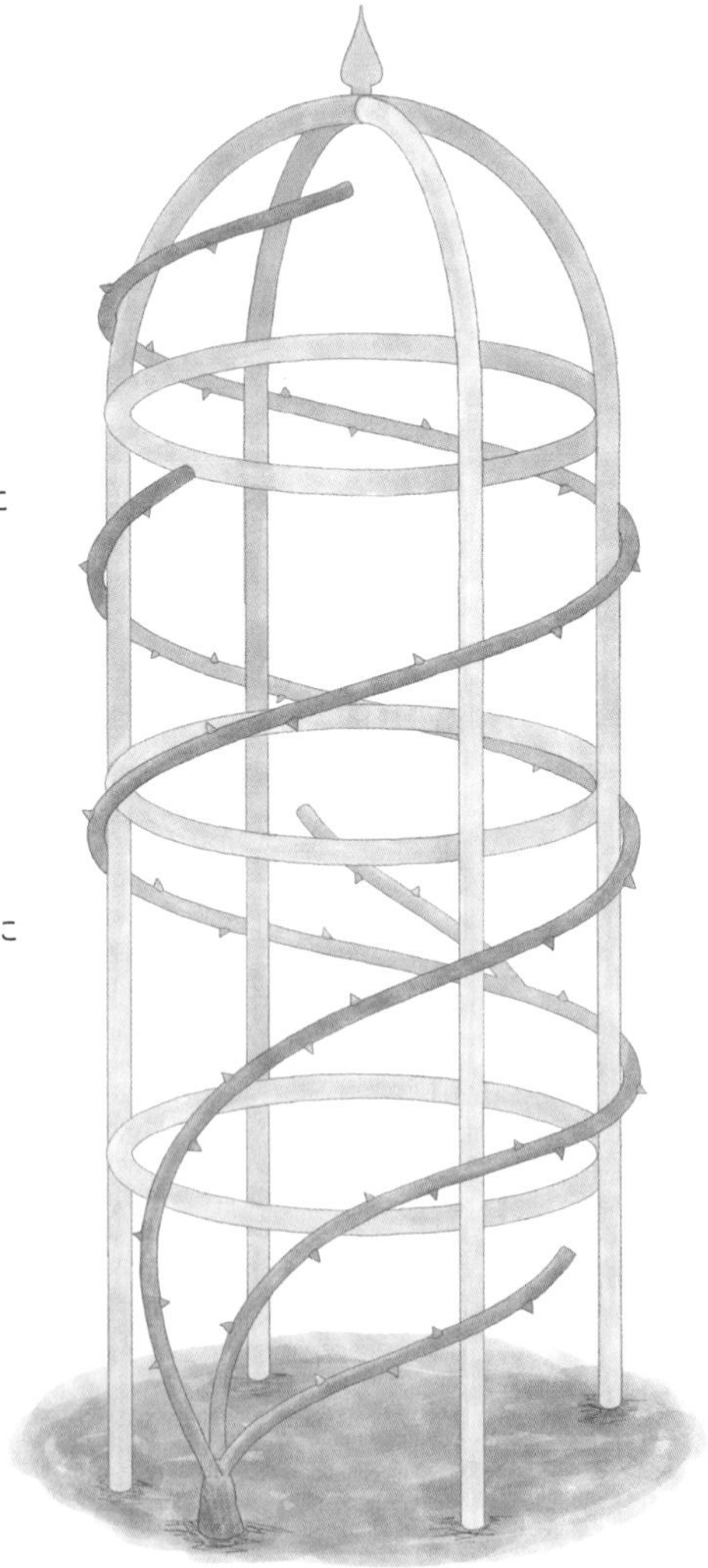

段差剪定で全体に咲かせる

段差をつけて剪定することで、全体に咲かせることができます。巻きつけて誘引しないため、誘引し直す際もほどく必要がなく楽です。

水平を意識して巻いていく

なるべく枝が水平になるよう、らせん状に巻きつけて誘引します。こうすることで、オベリスク全体が花で覆われます。

シュラブローズなら一本で2種の仕立て方も

樹勢が強いシュラブローズの'ダフネ'1株を、一部は剪定でまとまりのよい木立のように仕立て、一部は伸ばしてアーチに誘引した例。6年かけてたった1株で、これだけの景観をつくっています。やや横に広がる樹形のシュラブローズは、このような栽培も可能です。

アーチ部分もフェンスの前も段差剪定をしている。

ダフネ

建物が隠れるほど、一面に開花している。

冬剪定・誘引

冬剪定の目的

冬剪定は、バラの手入れのうちでもっとも大きな作業です。剪定の適期は、バラが休眠中の12月下旬～2月中旬です。休眠前だと剪定後に芽が伸び始めることがあるので注意しましょう。

冬剪定と誘引の手順

枯れた枝や、細く力のない枝は元から切ります。次にどのくらい枝が伸びるかを想像し、高さにあまりバラツキがないよう切ります。シュラブを伸ばして育てる場合やつるバラは、その後、誘引作業を行います。

ただし状態や品種、庭植えか鉢植えかによって、どのように剪定すればよいかが変わってきます。いくつかの例を紹介するので、参考にしてください。

冬剪定の例❶［2年目の大苗］

コンパクトで連続開花性が高い品種　(例)マイローズ

鉢植えの場合は、どのくらいの高さで咲かせたいかを考えてから、切る高さを決めます。原則として外芽の上で剪定。シュートは少し深めに切るようにします。

（剪定前）

前年とほぼ同じ高さで咲かせるには、上から約10㎝ほど剪定します。

（剪定後）

シュートのみやや低めに切り、他の枝はほぼ高さを揃えて剪定。

❶花を咲かせない力のない細い枝は枝元から切る。

❷芽がつかない細く短い枝は枝元から切る。

❸シュートは他の枝より伸びる力が強いので、他の枝より低めに切る。

❹芽を吹いてしまった細い枝は枝元から切る。

(春の一番花の開花)

ほぼ一斉に、株いっぱいに開花した'マイローズ'。コンパクトな品種なので、鉢植えの場合はこのくらいの樹高で咲かせるとバランスがとれます。花後は、新しく伸びた花枝の半分あたりで切り戻すと、また芽が伸びて花をつけます。

(夏の花)

夏でもこのくらい咲きます。

花がら切り

連続開花性に優れた品種の場合は、いわゆる夏剪定はせず、花がら切りを繰り返すだけでもかまいません。指で示しているところは、夏の花の切る位置です。

(秋の開花)

いわゆる夏剪定はしなくても、この品種の場合、秋にこのくらい咲いてくれます。

冬剪定の例 ❷

［2年目の大苗］

枝が細いタイプの品種　(例) コールドウェル ピンク

枝が細い品種の場合も、原則は「冬剪定の例①」と変わりません。まず力のない枝や枯れ枝を切り取り、そのあと外芽、内芽はあまり意識せず、決めた高さに剪定します。

(剪定前)

細い枝がたくさん茂った状態。

(剪定後)

細すぎる枝や枯れ枝は整理し、ほぼ高さを揃えて剪定。

❶咲かせたい高さを想定し、切る高さを決める。この場合、上から約20㎝。

❷外芽、内芽は気にせずに切っていく。

❸細すぎて弱い枝や、すでに芽を吹いた細い枝は枝元から切る。

冬剪定の例 ❸ ［庭植えの成木］

房咲きになる木立ち性シュラブ （例）シェエラザード

房咲きになる木立性のシュラブローズは、段差をつけて剪定をすることで、株元から株の上のほうまで、全体を覆うように花が咲きます。

（剪定後）

3株それぞれを段差をつけて剪定したところ。

（春の一番花の開花）

3株が一体となり、全体に花が覆い豪華な風景に。足元に植えてあるのは一年草のシノグロッサム。

冬剪定の例❹ ［2年目の大苗］

樹勢があり枝が太い大型の木立性シュラブ

（例）ルージュ ピエール ドゥ ロンサール

樹勢がある大型の木立性の品種を
鉢植えで育てる場合は、伸びすぎた枝は思い切って深く切っても大丈夫です。
直立性の品種の場合は、外芽で切るようにします。

（剪定前）

太い枝がぐ〜んと伸びた状態。
1mの高さで咲かせる想定で剪定します。

（剪定後）

ほぼ高さを揃えて剪定したところ。

●伸びすぎた太い枝を深く剪定

❶太くてぐ〜んと伸びた枝。この枝は、深めに切る。

❷こちらの枝も伸びすぎているので、思い切って剪定する。

❸外芽の上5㎜〜1㎝の場所を水平にスパッと切る。

❹切り取った枝。かなりの長さを切っている。

●枯れ枝や細い枝を切り取る

❺枯れた枝は枝元から切り取る。

❻細くて力のない枝も枝元から切る。

●交差枝の整理

❼枝が交差しており、このまま伸びると株の内側が込み合ってしまう。

❽交差している枝を枝元から切り取る。

❾交差枝を整理したところ。

（春の一番花の開花）

高さ50㎝～1ｍの場所に花をつけた状態。

(剪定後)

段差剪定をし、高く伸ばした枝は
ゲートにとめてあります。

冬剪定・誘引の例 ❶

［庭植えの成木］

枝が太いシュラブを高い位置まで誘引

(例)オデュッセイア

‘オデュッセイア’を庭植えでつる仕立てにした例。枝がよく伸びるので、アーチなどに誘引することも可能です。段差剪定にすると、低い位置から高い位置までまんべんなく咲きます。

(春の一番花の開花)

下のほうから高い位置の構造物まで開花。向かって右も同じように植えてあるので、バラの花のゲート状に。左上部は’ピエール ドゥ ロンサール’、左下部は’ペネロペイア’。

冬剪定・誘引の例 ❷ ［庭植えの成木］

つる仕立てもできるよく伸びるシュラブ （例）ペネロペイア

上へと直立ぎみに伸びるシュラブローズは、伸びた枝を冬に誘引すればつる仕立てに、
深めに剪定すれば木立のように咲きます。
トレリスに誘引する際は段差剪定にすると、トレリス一面が花に覆われます。

（剪定後）

段差剪定をし、長い枝はゆるやかに曲げて高い位置まで誘引しています。

Ⓗ 高い位置で剪定
Ⓜ 中くらいの位置で剪定
Ⓛ 低い位置で剪定

（春の開花）

トレリスを覆うように開花した‘ペネロペイア’。上部の少し色が淡いバラは、後ろの鉄柱に誘引した‘ピエール ドゥ ロンサール’。

植え替え・冬剪定・誘引の例 ［2年目の大苗］

つる仕立てもできるシュラブ （例）クリスティアーナ

鉢植えで1年楽しんだシュラブローズをふたまわりほど大きな鉢に植え替えをし、2年目はトレリスに誘引して楽しむ例。シュラブローズは、シュートを残せばつるのように楽しめる品種が多くあります。

（剪定前）

シュートがかなり伸びた状態。
これだけ伸びていれば、十分トレリスに誘引できます。
剪定前に葉は落としておきましょう。

■用意するもの……

ふたまわり大きな鉢
（8号鉢見当）

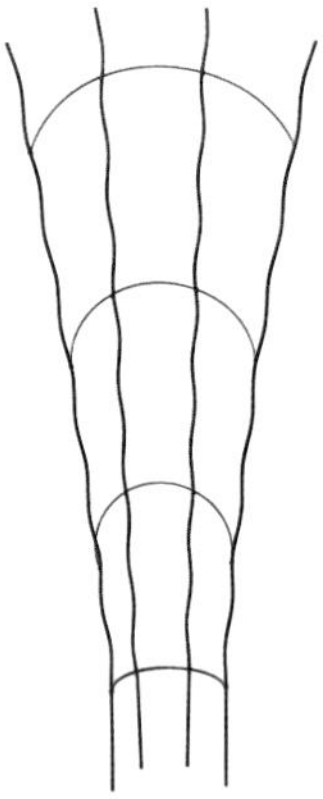

小型のトレリス

誘引用のバンド

鉢底用パーライト

●植え替えをする

① 6号鉢の開花鉢をそのまま育てているので、株の大きさに対して鉢が小さい。

② 植え替える鉢の水はけが十分でない場合は、鉢の底にパーライトか鉢底石を適量入れる。

③ 根鉢の深さを考慮し、3㎝ほどウォータースペースが確保できるよう見計らって培養土を入れる。

4 ポットから抜いたところ。根鉢はあまり崩さないようにする。

5 培養土の上に置いてみて、高さを確認。土が足りなければ足す。

6 肩の部分の土はやや崩しておく。

7 このくらい落としておけば十分。

8 苗の正面を決め、鉢の中央に置く。

9 根鉢と鉢の間に培養土を入れていく。

10 鉢を持ち上げて地面に軽くトントンと打ちつけ、土を落ち着かせる。

11 植え替えが完了したところ。

12 後方にトレリスを立てる。

① 全体のできあがりをイメージして、太い枝から場所を決めてバンドでとめる。

② 枝が育った際に食い込まないよう、緩めにとめるのがコツ。

③ 太い枝をおおよそとめたところ。あとで全体を見て微調整する。

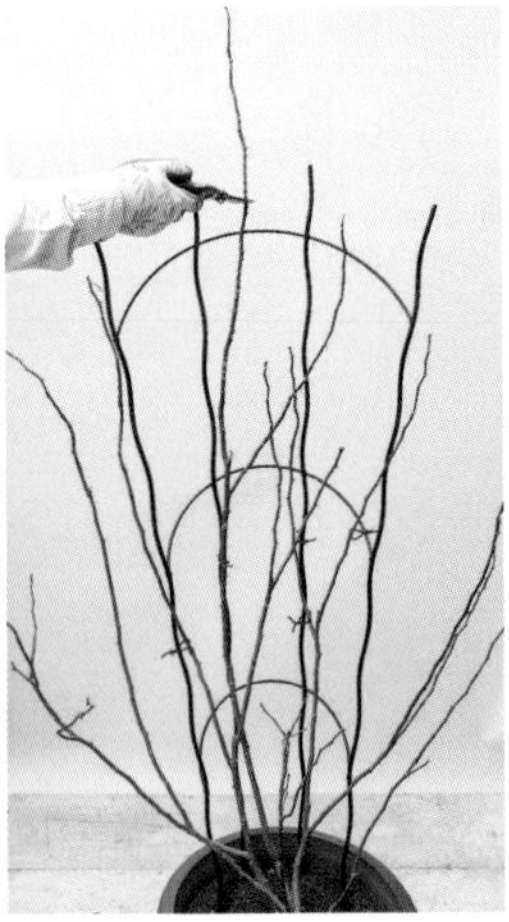

④ トレリスから飛び出している部分は切る。

⑤ 咲かせたい位置を想定して、段差剪定していく。

⑥ 高さが偏らないように切るのがポイント。

⑦ 中くらいの高さの枝をやや多めにすると、咲いたときに見栄えがよい。

⑧ 細くて力のない枝は枝元から切る。

⑨ あえて一部、誘引しない枝を残すのもひとつの方法。

（剪定後）

高い位置、中くらいの位置、株元近くと高さを変えて段差剪定した状態。低い位置の両脇は、外側にふわっと咲かせることを想定し、あえてトレリスにとめていません。

（開花）

トレリスに誘引することで株が暴れず樹形が整い、
一番目にとまる真ん中あたりに
たくさん咲いています。

淡いピンクで繊細な雰囲気のカップ咲きの花が、房咲きになります。

夏剪定

夏剪定の目的

　バラは生育期を通して枝が伸び続けるため、晩夏を迎える頃には枝が伸びて樹高が高くなりすぎていたり、樹形が乱れたりする場合があります。夏の終わり頃に夏剪定を行うと、樹形をある程度整えることができ、秋のバラを見やすい高さで咲かせることができます。

　また、剪定後40～60日で開花するので、秋もよく咲く四季咲き性の品種の場合、開花時期が揃い、美しく咲かせることができます。

夏剪定の時期

　夏剪定の時期は、8月下旬～9月上旬です。ただし夏バテしていたり病害虫の被害で葉が少なくなっている株は、できるだけ葉を減らさないことを優先させ、夏剪定はやめたほうが無難です。

夏剪定の例❶ ［大苗1年目］

房咲きで次々と咲く木立性シュラブ　（例）クードゥクール

短めの枝に連続して花を咲かせるタイプのバラは、夏剪定をしてもしなくてもかまいません。花後の花がら切りを繰り返すことで、秋まで咲き続けます。夏剪定をすると、しない場合より秋により揃って咲きます。

（剪定前）

連続開花性が高い品種なので、夏でもかなり咲きます。

（剪定後）

通常の切り戻しを終えた状態。

花がらや蕾《つぼみ》のついた枝は、花枝の1/2くらいのところで切る。

夏剪定の例❷ ［大苗を6月に鉢増し］

よく伸びるシュラブ　(例)ナエマ

枝がよく伸びる品種は一般に、切った場所から60㎝くらい上で花が咲きます。トレリスなどに誘引したい場合は浅めの剪定を、木立のように楽しむなら深めの剪定をします。冬に鉢植えや庭植えにして誘引するなら、秋は花を少し楽しむ程度にして、枝を伸ばしておいてもかまいません。

(剪定前)

大苗で購入して数カ月で、1m以上伸びた状態に。ナエマは剪定してから開花まで時間がかかるので、9月5日頃までには夏剪定をすませます。

❶よく伸びた枝は、下から1/3程度の場所で切る。

❷切った枝はこのくらい。
※ナエマは太く伸びた枝先にしか花を咲かせないので、必ず強剪定で。

(剪定後)

深めの剪定をした例。1年目は鉢でコンパクトに楽しみ、冬に庭植えにして翌年大きく育てることも可能です。

(秋の開花)

深く切っても、かなり枝が伸びています。

夏剪定の例 ❸ ［春に新苗から育てた苗］

細い枝先に次々と咲く中輪木立性 (例) アイスバーグ

新苗から育てる場合、夏の蕾《つぼみ》はピンチしたほうが株の成長が早まります。夏に咲かせた場合は、大苗の夏剪定よりは浅めにし、上から1/3程度の場所で剪定します。秋に揃って咲かせるには、花が咲いていても切るようにしましょう。

（剪定前）

新苗から育て、夏にも開花させた株。

（剪定後）

浅めの剪定を終えたところ。

❶先端から1/3程度の場所で切る。

❷高く伸びた花茎は、1/2程度の場所で切る。

（秋の開花）

夏剪定後、約40日後の様子。新苗から育てたわりには花が多くついている。

夏剪定の例 ❹ ［大苗1年目］

HTタイプの大輪種 （例）アプリコット キャンディ

HTタイプ（p10）のバラは10月に揃えて咲かせたいので、やや深めに剪定します。今も蕾がある状態ですが、このまま咲かせると小さめの花しか咲きません。今出ている新しい枝の一段下の太い枝で剪定すると、よい花が咲きます。

（剪定前）

ぐ〜んと伸びた枝の先に蕾がついた状態。

（剪定後）

枝の高さの1/2〜1/3を剪定。

❶太めで背の高い枝から切ると、全体のバランスがとりやすい。

❷よく伸びた枝は、新しい花茎より一段下の太い枝で切るとよい。

（秋の開花）

ほぼ高さも揃って開花しています。

バラ栽培のお悩みQ&A

バラを栽培するなかでよくある疑問や悩みの解決法を紹介します。

Q 夏、枝先の葉先が茶色くなってきました。病気でしょうか。

A これは病気ではなく、水切れが原因の「葉焼け」です。鉢植えの場合、夏に水不足になりやすいので注意を。とくに枝が伸びやすい品種は、多くの水を吸収します。茶色くなった葉が元に戻ることはないので、これ以上、葉焼けが起きないように、庭植えの場合もしっかりと水やりをしましょう。

　鉢植えの場合は、半日陰に移動するか日除けをし、新芽が出るまで回復を待ちます。新しい葉が開き始めたら、日向に戻しましょう。この状態のときは、根に負担をかけないために肥料は与えないようにします。

Q 水やりの加減がよくわからないのですが。

A バラに限らず、植物を育てるうえで「水やり」は大きな課題。適量を掴むには、経験を積む必要があります。植物の根は、水を求めて伸びていく性質があります。そのため常に土が湿った状態だと、根がしっかり成長しません。また鉢植えの場合は過湿状態だと、根腐れを起こす恐れもあります。

　鉢植えの場合は、原則として土の表面が乾いたら、鉢底から水が流れ出るまでたっぷり水をやります。まだ土が湿っている間に水やりはしないように。とくに生育がゆっくりで繊細なバラ（p19Aの2）は、水を吸い上げて蒸散させる力が弱いので、水のあげすぎに注意が必要です。

　庭植えの場合は、植えつけ後1カ月以内を除くと、原則として水やりは必要ありません。ただし、夏は別。夏に雨が一週間降らないときは、水やりをしましょう。シャワーなどで水をまいただけでは十分ではないので、株元付近にホースの先端を置いて、ちょっと多いかなと思うくらいたっぷりと水やりをします。

Q シュートをピンチしそびれてしまいました。どうしたらよいでしょうか。

A シュートが伸びてきたら、枝の固まっていないやわらかい部分を指先でピンチするのが原則です（p52参照）。シュートは茎がぐ～んと伸びるため、その枝にだけ水分・栄養分がまわって、株のエネルギーを消耗し、他の枝が枯れ込みやすくなります。

もし放置して蕾《つぼみ》をつけてしまったら、花後に花首だけをカットし、できるだけ葉を残しましょう。その後、下から勢いがある枝が出てくるので、夏剪定の際その出た枝の上の房の部分をカットします。

シュートに花が咲いてしまったら、花がら切りは葉をなるべく残すように。

Q 夏剪定をしたのに、秋パラパラとしか咲きません。どうしてでしょうか。

A 理由は3つ考えられます。

❶もともと秋にあまり咲かない品種

四季咲き性のバラは秋もよく咲きますが、繰り返し咲きや返り咲きの品種は連続開花性が高くないので、秋にあまり咲きません（ｐ１４１参照）。写真の品種は'クリスティアーナ'。返り咲き品種です。そのため花が少ないと考えられます。

❷夏剪定の時期が遅い

開花連続性があまり高くない品種は、剪定時期が遅れると花つきが悪くなることがあります。なるべく8月末には夏剪定をすませるようにしましょう。

❸肥料が多すぎる

多肥だと茎ばかり伸びてしまい、かえって花が咲かない場合もあります。肥料は「ほどほどに」が大切です。

夏剪定をした'クリスティアーナ'の、10月初旬の状態。

Q 鉢植えの土が硬くなってきたように感じます。いつ頃植え替えたらよいですか？

A 細い根が張りすぎて通気性や排水性が落ち、根詰まりしている可能性があります。また、土自体が古くなっている場合もあるので、新しい用土で植え替える必要があります。株や鉢のサイズを大きくしたくない場合は元の鉢のままで。よく育っていたら鉢増しを兼ねて、植え替えをしましょう。根鉢を崩しての植え替えはバラの休眠期にあたる12月中旬～2月が適期です。

Q なんとなく、バラの元気がありません。肥料を与えたほうがよいですか？

A 人間も、胃腸の調子が悪いときに食事をとってもうまく消化できません。バラも同じで、弱っている株にとって肥料は負担になります。まずは、弱っている原因は何なのかを分析し、とれる対策をとりましょう。たとえば病害虫で葉が減ったのだとしたら、薬剤散布の回数を増やす。日照不足だとしたら、少しでも日当たりをよくする工夫をします。また株を元気にするためには、活力剤を使う方法もあります。

Q ベランダで鉢植え栽培しています。夏をうまく乗り切る方法を教えてください。

A プラスチック製の鉢は直射日光が当たると鉢内の温度が上がりやすいので、日除けがしにくい場合は鉢ごと素焼き鉢の中に入れると安心です。また、ベランダの床がコンクリートの場合は、照り返しで床の温度が高くなりがちです。台を用意し、その上に鉢を置くと、床の熱が直接鉢に伝わるのを防ぐことができます。根が張るスペースをつくる梅雨明け前の鉢増しも、夏越しに効果があります。

素焼き鉢を鉢カバーのように使い、低い台の上に載せる。

PART 3

ローメンテナンスな庭づくり

ピクシー

そこそこの手間で年間を通して美しくするには

バラばっかりの庭は風景が単調になりがちです。ガーデンデザインや植物の合わせ方のポイントを覚えれば、ほどほどの手間で、庭を美しく保つことができます。

1 そこそこの手間で育つ品種を選ぶ

そこそこの手間でバラを取り入れたガーデンを美しく保つには、バラの品種選びが重要です。基本はPART1でご紹介した「ベーシックなバラ」と「カジュアルなバラ」。なかでも四季咲き性のシュラブローズは、一番花の後にある程度の手間をかければ秋までずっと咲いてくれ、草花とも合わせやすいので、庭のデザインの幅が広がります。

2 華やかな一年草を使う

バラの葉が展開するまでは、ガーデンが寂しくなりがち。パンジーやビオラなど冬も華やかに咲いてくれる一年草を植えておくと、寂しくなりません。パンジーやビオラはバラの一番花の時期にもまだ咲いているものもあるので、株元を飾ってくれます。他にもバラの花期と合う一年草で、地際を賑やかにしましょう。

3 宿根草を植える

バラと合うのは、背が高くて穂状に花が咲く宿根草と、株元に咲いてくれる宿根草です。また、カラーリーフとして活躍する宿根草も、ぜひ取り入れましょう。バラを引き立て、ガーデンの印象がぐっと魅力的になります。

4 樹木を取り入れる

樹木を上手に取り入れると、ガーデンが立体的になります。カラーリーフとして活躍する低木や、バラの一番花と二番花の端境期に咲くアジサイなどの花木も、積極的に取り入れたい植物です。

5 ぎっしり植えず空間づくりの工夫をする

ぎっしり植物を植えると風通しが悪くなり、風景も単調になります。小径をつくると手入れの際も楽になり、遠近感が生まれ、奥行きが感じられるように。風通しも確保できます。小さな庭にも、ぜひ小径を設けましょう。

一年草で華やかに

一年草は植物としての寿命は短いですが、
一気にたくさんの花を咲かせるものや、次々と咲き続けるものが多く
庭に華やかさを添えてくれます。

POINT 1

草丈が高めの一年草でふんわりと

ある程度草丈があり、やさしい雰囲気がある一年草はバラにぴったり。白い小花が集まって咲くオルラヤは、フラワーアレンジにおけるカスミソウのように、バラの花をやさしく包み引き立ててくれます。

POINT 2

小さな花で株元を包むように

バラの株元近くは、空間があいてしまうことがあります。地際に小花の一年草を植えると、華やかな印象に。花期が終わったら抜けば、風通しがよくなります。

淡いイエローのバラは‘ベルメール’。手前に一年草のオルラヤ、ピンクのアグロステンマ、薄紫のセントーレア。

バラは‘シェエラザード’。株元にピンクとブルーのシノグロッサム。

アーチは一季咲きのロサ・ムリガニー。手前に鉢植えのビオラ、ロベリア。

POINT 3 鉢植えの一年草で華やかさを出す

一年草を鉢植えにし、アーチの足元やバラのフェンスの近くに置くのもおすすめ。華やかなウェルカムフラワーになります。

宿根草を取り入れる

宿根草は植えたら数年は、植え替えの手間がかからないので
宿根草を取り入れるとガーデンの管理が楽になります。
バラにはない花形や花色を意識すると、バラと引き立て合います。

POINT 2

足元が寂しくならないように

バラの株近くの地際は、暗い洞穴みたいになりがち。手前に草丈があまり高くならない宿根草を植えると、バランスがとれます。

宿根草のセントーレア・モンタナは、草丈が低くおさまる品種。

POINT 1

対照的な色で印象を深める

ブルー系の花色の宿根草をガーデンに取り入れると、バラと引き立て合い、風景にメリハリがつきます。ピンクと淡いブルーは間違いない組み合わせ。

淡いブルーの小花がふわふわと咲く、ペレニアル フラックス（宿根アマ）。バラは'ストロベリー ヒル'。

POINT 3

穂状の宿根草でアクセントを

穂状に花を咲かせる宿根草を取り入れると、バラの花形と対照的なので風景にメリハリがつきます。バラの樹高より高いもの、低いものなど、高低差も意識しましょう。

ジギタリスや濃紫色のサルビア・ネモローサは、バラと合わせる定番植物。赤いバラは'アンクレット'。

壁面に'コーネリア'とクレマチス'プリンス チャールズ'を誘引。

'ピンク アイスバーグ'と、クレマチス'ブルー ライト'。

POINT 1

バラと一緒に誘引

淡紫〜濃紫色のクレマチスは、ピンクやイエロー系のバラと一緒に誘引するとお互いに引き立て合います。クレマチスを選ぶ際は、バラの一番花と花期が同じ品種を選ぶのがコツです。

つる性植物を取り入れる

つるバラやシュラブローズをアーチやトレリスなどに誘引する際つる性植物と組み合わせると、風景に変化が出ます。とくに相性がよいのがクレマチス。バラにはない花色と花形で引き立て合います。

POINT 2

あえて同系色を合わせる

バラの花色とクレマチスの花色を、あえて同系色でまとめる方法。風景の中で色彩を強く印象づけたい場合に効果的です。

(右) オベリスクに'クリスティアーナ'とクレマチス'マリア コーネリア'と'アルバラグジュリアンス'を誘引。
(左) 'つるローズうらら'のアーチの足元に、鉢植えのクレマチス'ヌビア'。

カラーリーフを上手に使う

カラーリーフを取り入れると、頻繁な花がら切りなどの必要もなく、
ガーデンの管理の手間がぐんと楽になります。また、葉色によって
異なる効果があるため、空間づくりに欠かせないパートナーといえます。

銅葉・紫葉（ブロンズリーフ）

赤茶色～赤紫色の葉。風景を引き締め、メリハリをつける効果があります。

斑入り葉

白～淡黄色、薄緑の斑や覆輪が入った葉。薄暗い場所を明るく見せる効果があります。

黄金葉（オーレアリーフ）

黄色～明るい黄緑色の葉。風景をパッと明るくし、さわやかな印象を与えます。

POINT 1

斑入り葉や黄金葉でビビッドな印象に

斑入り葉や黄金葉の低木をバラの間に植えると、花色と引き立て合い、さわやかでビビッドな印象に。風景に明るさや軽やかさも生まれます。

斑入り葉の低木はサンゴミズキ‘エレガンティシマ’、バラは‘グラハム トーマス’。

黄金葉の低木のプリペット‘レモン アンド ライム’、右上のバラは‘ブノワ マジメル’、その下は‘ベラ ドンナ’、左上のバラは‘ザ ジェネラス ガーデナー’。

左下の斑入り葉は、エゴポディウム・バリエガータ。右の斑入り葉はベロニカ‘シャーロッテ’。バラは‘オデュッセイア’、‘バスシーバ’、‘アンティーク レース’など。

POINT 2

斑入り葉で半日陰を明るく

木陰や塀の近くなど、半日陰で薄暗くなりがちな場所に斑入り葉の宿根草や低木を取り入れると、印象が明るくなります。半日陰向きの白花の宿根草も合わせて植えるとよいでしょう。

銅葉の低木はアメリカテマリシモツケ‘ディアボロ’。バラは‘ラディッシュ’。

POINT 4

銅葉の低木で風景を引き締める

銅葉のカラーリーフは、風景を引き締める効果があります。足元に銅葉の宿根草を植えるだけではなく、銅葉の低木を取り入れると、空間にメリハリが生まれます。

葉が尖がった黄斑入りヤブランと、丸みがあり面で見せる斑入りミズヒキの組み合わせ。バラは‘ロアルド ダール’。

POINT 3

葉形の違う斑入り葉で変化をつける

足元に斑入り葉や黄金葉の宿根草を植えると、地際が明るくなります。その際、葉形が違う複数の植物を植えることで変化がつき、より複雑なニュアンスが生まれます。

バラの庭に合う一年草

［図　鑑］

バラと花期が重なる一年草は、
ガーデンを華やかにしてくれます。
足元を飾る花か、背が高くふわっとした花や
穂状に咲く花がおすすめ。

図鑑について

科　　名：APGⅣ分類に準拠しています。

草丈、樹高：おおよその草丈、樹高です。品種や環境、樹木の場合は剪定の仕方によって、表示からはずれる場合もあります。

花　　期：関東平野部を基準にしています。育てる地域や環境によって幅がありますのでおおよその目安とお考えください。

アグロステンマ

ナデシコ科／草丈60〜90㎝

別名ムギナデシコ。細くしなやかな茎の先に、白や淡いピンク、濃いピンクの優しい雰囲気の花が咲き、風に揺れるさまが優美。ナチュラルな雰囲気のガーデンによく似合う。こぼれ種でも増え、とても丈夫。多肥だと伸びすぎて倒れやすくなるので注意を。

花期　1　2　3　4　**5**　**6**　7　8　9　10　11　12

ジニア

キク科／草丈20〜40㎝

ジニア プロフュージョンシリーズやザハラシリーズは、花径4㎝ほどで花色のバリエーションが豊富で、八重の品種もある。とても丈夫で花期が長く、バラが開花を休みがちな夏の間もよく咲き、秋バラとも開花が揃う。花がらが目立ちにくいのも特徴。

花期　1　2　3　4　**5**　**6**　**7**　**8**　**9**　**10**　**11**　12

オルラヤ

セリ科／草丈50〜70㎝

一・二年草で白い花が集まってレースのように咲き、多花性なので満開時は見事。草丈は高めで、葉は繊細でナチュラルな雰囲気があり、バラと花期が揃い、バラをよく引き立ててくれる。秋に苗を植えると翌年、株のボリュームが出る。こぼれ種でもよく増える。

花期　1　2　3　4　**5**　**6**　7　8　9　10　11　12

セイヨウマツムシソウ

マツムシソウ科／草丈30〜100cm

別名スカビオサ。すっと伸びた茎の先にユニークな花形のブルーや薄紫色、えんじ色の花をつけ、風に揺れるさまがナチュラル。5〜6月に咲く春咲き品種と9〜10月に咲く秋咲き品種、四季咲き品種がある。比較的冷涼な気候を好み高温多湿は苦手なので、風通しよく育てる。

花期 1 2 3 4 5 6 7 8 9 10 11 12

シノグロッサム

ムラサキ科／草丈20〜40cm

ワスレナグサによく似ており、ワスレナグサより株がやや大型。ピンクやブルー、白色の星形のかわいらしい花を咲かせ、バラの株近くに植えると足元が寂しくならない。日当たりと水はけのよい場所を好み、強い乾燥が苦手。こぼれ種でよく増える。

花期 1 2 3 4 5 6 7 8 9 10 11 12

デルフィニウム

キンポウゲ科／草丈40〜150cm

本来は多年草だが、高温多湿に弱く暖地での夏越しが難しいので一年草扱い。花穂にボリュームがあるエラータム系、きゃしゃな雰囲気のシネンセ系など、いくつかの系統がある。花色はブルー、紫、白など。日当たりと風通しがよい場所で育てる。

花期 1 2 3 4 5 6 7 8 9 10 11 12

セントーレア（ヤグルマギク）

キク科／草丈40〜100cm

‘ブラックボール’

セントーレアには宿根草と一年草の品種があり、一年草は背が高い品種が主流。シルバーがかったすっきり伸びた茎に、ピンクやブルー、白の花を咲かせ、よく分枝する。シックなえんじ色の品種‘ブラックボール’も人気。秋に苗を植えると翌年、株のボリュームが出る。

花期 1 2 3 4 5 6 7 8 9 10 11 12

パンジー、ビオラ

スミレ科/草丈15〜25㎝

パンジーやビオラは11月頃から咲き、バラの花や葉がない季節もずっと咲いているので、冬の間もガーデンを華やかにしてくれる。花がら摘みをまめに行えば翌年の5月くらいまで約半年間咲き続け、場合によってはバラの一番花と合わせることも可能。

花期 **1** **2** **3** **4** **5** 6 7 8 9 10 **11** **12**

ルピナス

マメ科/草丈30〜150㎝

フジを逆さまにしたような花なので、別名ノボリフジ。花穂は大きく、赤、濃いピンク、淡いピンク、紫、白などさまざまな花色がある。耐暑性が弱い品種が多く、温暖な地域では一年草扱いに。日当たりがよく水はけのよい場所で育て、連作は避ける。

花期 1 2 3 **4** **5** **6** 7 8 9 10 11 12

ラークスパー

キンポウゲ科/草丈80〜150㎝

別名、飛燕草《ひえんそう》、千鳥草。鳥を思わせる花形から、この名前でも呼ばれている。まっすぐに立ち上がった茎にたくさんの花を穂状に咲かせ、花色は白、ピンク、ブルー、紫など。繊細な葉も魅力。花後に枯れるが、こぼれ種でも増える。

花期 1 2 3 **4** **5** **6** 7 8 9 10 11 12

バラと合わせやすい 宿根草 [図鑑]

バラと花期が合う宿根草の他、
葉が落ちてガーデンが寂しくなりがちな季節に
咲いてくれる宿根草も取り入れましょう。

アストランティア

セリ科/草丈40〜80cm

花びらに見えるのは苞《ほう》で、中心に小花が集まっている。色は淡いピンクやシックな薄紅色など。花もちがよく、四季咲き性の強い品種は初夏から秋まで何度も花をつけ、季節によって微妙に色合いが変わる。地温が上がらない、風通しのよい半日陰が適所。暖地では一年草扱い。

花期 1 2 3 4 5 6 7 8 9 10 11 12

カンパニュラ

キキョウ科/草丈30〜100cm

背が低いものから、花茎がすくっと立ち上がる大型のものまで品種は多様。いずれも薄紫色や白、ピンクのベル形の花形が特徴で、バラの足元に植えるのならベルフラワーと呼ばれる草丈10〜15cmほどの小輪多花性の品種がおすすめ。背が高く大輪系のメディウムも人気。

花期 1 2 3 4 5 6 7 8 9 10 11 12

エリゲロン・カルビンスキアヌス

キク科/草丈10〜20cm

野趣あふれる花は白からピンクへと色変わりし、長期間にわたって開花を繰り返す。丈夫で、こんもり茂りながら這うようにして広がるので、グラウンドカバーとしても活躍。茂りすぎて株姿が乱れたら、適時刈り込むようにする。半日陰でも育つが、花つきが悪くなる。

花期 1 2 3 4 5 6 7 8 9 10 11 12

キョウガノコ

バラ科/草丈30～80cm

シモツケソウの仲間で、古くから園芸植物として愛されている。花色は紅色が基本で、白花品種もあり、小さい花が集まって泡のように咲く。葉には切れ込みが入り、モミジのような葉形が特徴。半日陰か西日が当たらないところで育て、夏の水切れには注意を。

花期 1 2 3 4 5 6 7 8 9 10 11 12

キャットミント

シソ科/草丈30～80cm

全草がミントのような香りで、猫が香りを好むことからこの名が。青紫色の小花が穂状に咲き、シルバーがかった葉とあいまってさわやかな印象。こんもり育ち、バラの手前に植えると相性がよい。蒸れに弱いので、梅雨前に切り戻すように。冷涼地では夏の間も咲き続ける。

花期 1 2 3 4 5 6 7 8 9 10 11 12

ニゲル

クリスマスローズ

キンポウゲ科/草丈30～60cm

原種系のニゲル種は12～1月、交配種は1～3月が花期。次々と新しい品種が登場し、花色も白、薄緑、ピンク、えんじ色、黒系など多種多様。八重の品種もあり、冬～春まで、バラの株元を彩ってくれる。1月に古葉を切り、花後の苞が緑色に変わり始めたら株元から切り取る。

花期 1 2 3 4 5 6 7 8 9 10 11 12

ゲラニウム

フウロソウ科/草丈10〜40㎝

草丈が低くこんもり咲くものから高性種までさまざまな品種があるが、5弁の小花が次々とたくさん咲く点は共通している。花色は、白、ピンク、薄紫、えんじ色など。強い直射日光が苦手で、風通しのよい半日陰や午前中のみ日が当たる場所を好む。

花期　1　2　3　**4　5　6　7　8　9　10　11**　12

サルビア・ネモローサ

シソ科/草丈40〜60㎝

'カラドンナ'

'スノーヒル'

小花が密集したまっすぐで長い花穂が多数立ち上がり、花期に群生するさまは見事。濃い紫色の'カラドンナ'は葉茎に黒みがあり、どんなバラとも相性が抜群。白花の'スノーヒル'はさわやかな印象で、バラを引き立てる。花後にカットすると、秋に開花することもある。

花期　1　2　3　**4　5　6　7**　8　9　10　11　12

ジギタリス

オオバコ科/草丈60〜100㎝

バラの一番花の時期に釣り鐘状の花が大きな花穂となってたくさん咲き、存在感が抜群。花色は白、薄いピンク、濃いピンクの他、イエローが入る品種もある。本来は宿根草だが高温多湿に弱いため、暖地では夏に枯れてしまうこともある。花穂を切り戻すと二番花が咲く。

花期 1 2 3 4 **5** **6** **7** 8 9 10 11 12

ノコギリソウ（アキレア）

キク科/草丈25〜80㎝

葉がノコギリの葉のようにギザギザになっているところから、ノコギリソウの名で呼ばれる。長く伸びた茎の先端に小さな花がたくさん集まって咲き、小花ながら華やか。西洋種のセイヨウノコギリソウは花色が豊富で、ハーブの世界ではコモンヤロウの名で知られている。

花期 1 2 3 4 **5** **6** **7** **8** **9** 10 11 12

チョウジソウ

キョウチクトウ科/草丈30〜70㎝

花を横から見ると「丁」の字に似ていることからこの名がついたといわれている。まっすぐ立った花茎に上品な青紫色の星形の花が咲き、楚々とした野の花のイメージで、ナチュラルガーデンによく似合う。晩秋には葉が美しく紅葉する。夏の直射日光が当たらない場所で育てるとよい。

花期 1 2 3 **4** **5** 6 7 8 9 10 11 12

ペンステモン

オオバコ科/草丈40〜80cm

'ハスカーレッド'

釣り鐘形や筒状の花が連なるように咲き、さまざまな品種がある。なかでも'ハスカーレッド'はシックな銅葉がカラーリーフとしても人気。まっすぐ伸びる濃い色の花茎もアクセントとなり、淡いピンク色の穂状の花と濃い色の葉のコントラストも魅力。花がらを残すとこぼれ種で増えることも。

花期 1 2 3 4 **5** **6** 7 8 9 10 11 12

ペレニアル フラックス（宿根アマ）

アマ科/草丈60〜120cm

細い茎に淡いブルーの小花が次々と咲き、風に揺れるさまが美しい。グレーがかった細い葉とあいまって優しい雰囲気で、ナチュラルガーデンにぴったり。日当たり、風通しのよい冷涼な環境を好む。茎や種が亜麻仁油の原料になることでも知られている。

花期 1 2 3 **4** **5** 6 7 8 9 10 11 12

リナリア・パープレア

オオバコ科/草丈70〜100cm

花穂がすらりと伸び、紫色のかわいい小さな花をたくさん咲かせ、切り戻すと次々と花が咲く。ブルーグレーがかった葉も魅力。夏の高温多湿が苦手で、枯れてしまうこともあるが、こぼれ種でも増える。日当たりと風通しがよく、やや乾燥気味の環境を好む。

花期 1 2 3 **4** **5** **6** **7** 8 9 10 11 12

ミツバシモツケ

バラ科/草丈20〜100cm

よく分枝するすっと伸びた花茎の先に白い星形の花をたくさんつけ、赤い萼がアクセントに。ナチュラルな雰囲気が人気で、秋には葉が赤く紅葉する。丈夫で日向〜半日陰で育ち、大株になると見事。落葉したら、地際から15cm程度に切り詰めるとよい。

花期 1 2 3 4 **5** **6** 7 8 9 10 11 12

取り入れたい
カラーリーフ類
［図　鑑］

ガーデンにカラーリーフの宿根草を取り入れると
ローメンテナンスですみ、バラも引き立ちます。

エゴポディウム
セリ科／草丈20〜30㎝／花期6〜7月

ライトグリーンにクリーム色の斑が入る品種がカラーリーフとしておすすめ。さわやかな印象で、ナチュラルガーデンの半日陰を明るく彩ってくれる。初夏に咲くレースフラワーのような花も魅力的。生育旺盛で、ほとんど手がかからない。冬に地上部が枯れて休眠する。

オレガノ‘ノートンズゴールド’
シソ科／草丈10〜20㎝／花期6〜9月

黄金葉のオレガノのなかでも、とくに発色がよく葉色が美しい品種。小さい葉を密につけるので、グラウンドカバーとしても活躍し、初夏〜秋に咲く淡いピンクの花もかわいらしい。伸びすぎたら適宜短めに切り戻しをすると、再び新芽が出て株姿が整う。

オキザリス
カタバミ科／草丈5〜20㎝
花期：品種によって四季咲き、春咲きなどいろいろ

‘紫の舞’

カタバミの仲間で、性質や形態は変化に富み、花色も葉の形もさまざま。カラーリーフとして活躍するのは、紫葉や銅葉品種、葉の裏が赤くなる品種など。なかでも人気なのが、ボルドー色で葉が大きいオキザリス・トリアングラリス‘紫の舞’。どの品種も日照を好む。

黒ミツバ

セリ科／草丈20〜30cm

野菜のミツバの銅葉品種で、ムラサキミツバとも呼ばれ、ガーデンを引き締めるシックな葉色と強健さから、カラーリーフとして人気。一年を通して葉が美しく、日陰にも適応できる。こぼれ種でよく増えるので、グラウンドカバーにも向き、雑草を抑制してくれる。食用にもなる。

カレックス

カヤツリグサ科／草丈40〜90cm

カレックス・コマンス
‘ブロンズカール’

カレックス・エラータ
‘オーレア’

品種が豊富で、葉色は黄金葉、銅葉、深い緑色など多様。細い葉が風になびく姿が魅力的で、下草として親しまれている。丈夫で耐暑性、耐寒性、耐陰性に優れているが、過湿や極端な乾燥には注意を。冬に枯れた葉を根元から刈り取る。大きく育ったら3月頃に株分けをして増やす。

ヒューケラ

ユキノシタ科／草丈30〜60cm／花期5〜6月

ライムグリーン、銅葉、紫葉、銀葉など葉色が豊富で、カラーリーフの代表格。直射日光が苦手で、半日陰でよく育ち、初夏にすっくと伸びた茎に咲く小さな花も魅力。何年かたって株元近くの茎が立ち上がりワサビのようになったら、挿し芽をするか、植え直して仕立て直すとよい。

スティパ

イネ科／草丈40〜50cm

‘ポニーテール’

中南米やヨーロッパに分布する植物で、美しい穂を持つ品種が園芸種として育てられている。‘エンジェルヘアー’や‘ポニーテール’といった品種が一般的で、細い葉が風にたなびく姿が美しい。多湿が苦手なので、風通しのよい場所で育てる。

フウチソウ

イネ科／草丈20〜40cm

葉の表面が裏向くことから「裏葉草」の名でも呼ばれ、風に揺れる様子が涼し気。黄金フウチソウや斑入り品種など、葉色のバリエーションがある。直射日光に当たると葉先が焼けるので、夏の直射日光が当たらない明るい場所が適所。晩秋に立ち枯れたら、根元から刈り込む。

斑入りミズヒキソウ

タデ科／草丈40〜80cm／花期8〜10月

山野草のミズヒキソウの斑入り品種。大きな葉に白〜淡黄色の斑が入り、半日陰を明るくしてくれる。すっと伸びた茎に咲く赤と白の小花は、楚々として野趣にあふれている。夏の直射日光で葉焼けすることがあるので、半日陰が適所。丈夫でよく増える。

ホスタ

キジカクシ科／草丈20〜50cm／花期6〜8月

さまざまな品種があり、葉色も黄緑色、斑入り、ブルー（青みがかった緑色）、覆輪など多様で、サイズも豊富。初夏にすっと伸びた花茎に、白〜薄紫色の花をつける。半日陰を好み、夏の直射日光に当たると葉焼けするので注意を。冬は地上部が枯れる。

ラムズイヤー

シソ科／草丈30〜80cm／花期5〜7月

葉は白い繊毛に覆われており、触り心地がよく、「羊の耳」の名前がまさにぴったり。大きめのシルバーリーフは存在感があり、初夏に咲く薄紫色の花も魅力的。高温多湿が苦手なので、風通しのよい場所で育て、株が込み合ってきたら春か秋に株分けを兼ねて植え替えをする。

ユーフォルビア

トウダイグサ科／草丈40〜100cm

‘ゴールデン レインボー’

ユーフォルビアは種類がとても多く、カラーリーフとして利用するのは多年草タイプ。個性的な草姿と葉色、花（苞）が特徴的で、銅葉、斑入り、銀葉などさまざまな葉色の品種がある。日当たりを好み、夏に葉が弱ったら地際から切り戻すと新芽が元気に育つ。

ルブス‘サンシャインスプレーダー’

バラ科／草丈15〜30cm／開花5月／結実6〜7月

イチゴの仲間で、トキワイチゴとも呼ばれる。丈夫で這うようにしてよく増えるので、グラウンドカバー向き。ルブスのなかでも黄金葉の‘サンシャイン スプレーダー’はとくに人気で、小径沿いの地面などを明るく彩ってくれる。秋には黄葉し、冬にも葉が残る。よく伸びるのでこまめに剪定を。

リシマキア・ヌンムラリア

サクラソウ科／草丈5〜15cm

ほふく性でグラウンドカバーに向き、ライムゴールドの鮮やかな色の葉色が足元の風景を明るくしてくれる。地面を覆うように生えるので、雑草除けの役割も。乾燥が苦手なので、西日や夏の直射日光が当たらないところ向き。半日陰でもよく育つが、日照不足だと花が咲かない。

バラと相性のよい つる性植物

［図　鑑］

バラを立体的に誘引する際、
相性のよいつる性植物を取り入れると、
お互いに引き立て合います。

クレマチス

キンポウゲ科／花期：系統によって四季それぞれに花期がある

‘プリンス チャールズ’

‘エトワール バイオレット’

‘ジゼル’

‘キャロライン’

‘マダム ジュリア コレボン’

‘プリンセス ダイアナ’

‘篭口（ろうぐち）’

‘ベル オブ ウォーキング’

新枝咲き、旧枝咲き、新旧両枝咲きなどさまざまな系統があり、花期も多岐にわたり、常緑の品種もある。花形も釣り鐘状、小花、大輪と多種多様。バラと合わせるなら、バラの一番花と花期が揃う品種がおすすめ。剪定の方法は系統によって違うが、花が8割くらい咲いたら行うのが一般的。

テイカカズラ

キョウチクトウ科

野生のテイカカズラを元に、さまざまな葉色の園芸品種が育てられている。風車のような形をした白い花は咲き進むとクリームイエローになり、甘い香りがある。よく伸びるので、ブロック塀などバラの背景に向いている。伸びすぎた枝は適宜切り戻す。

花期 1 2 3 4 5 6 7 8 9 10 11 12

オールドスイートピー‘マツカナ’

マメ科

1700年代からヨーロッパで育てられていた古典的な品種。一般的なスイートピーより花が小さく、シックで深みのある色合いが魅力。香りも高く、バラの季節に咲くのでローズガーデンの一角に取り入れやすい。種から育てられるが、連作を嫌うので、毎年、植える場所を変えたほうがよい。

花期 1 2 3 4 5 6 7 8 9 10 11 12

ハニーサックル

スイカズラ科

別名スイカズラ。ロニセラとも呼ばれる。野生のスイカズラは白と淡黄色が混ざるように咲く。園芸品種は赤系やイエローなど、さまざまな花色がある。花には甘い芳香があり、蝶や蜂を呼ぶ蜜源植物としても知られている。バラの背景などに、バラとは別に誘引する。

花期 1 2 3 4 5 6 7 8 9 10 11 12

コモンジャスミン‘フィオナサンライズ’

モクセイ科

春の早い時期から開花する芳香のある花は、蕾のときは赤く、開花すると白に。黄金葉の品種‘フィオナサンライズ’は新芽が眩しいほど鮮やかで、バラと一緒に誘引すると花色と引き立て合う。生育が旺盛で放任すると4～5m伸びるので、場所に合わせて花後に剪定する。

花期 1 2 3 4 5 6 7 8 9 10 11 12

バラと合わせやすい
樹木
[図　鑑]

カラーリーフとしても活躍する樹木や、
バラと合わせやすい花木を集めました。

アジサイ

アジサイ科/樹高60～200cm

黄金葉アジサイ

バラの一番花が終わり、二番花が咲くまでの間に開花するので、バラと入れ替わりに主役をつとめてくれる。黄金葉アジサイは、花が咲いていない季節もカラーリーフとして活躍。9月には翌年の花芽ができるので、それまでにしっかり枝をつくれるよう7月下旬までに剪定をする。

花期　1　2　3　4　5　**6**　**7**　8　9　10　11　12

アメリカテマリシモツケ

バラ科/樹高1～2m

北アメリカ原産の園芸品種。銅葉の‘ディアボロ’や黄金葉の‘ルテウス’が人気。初夏にコデマリに似た花を咲かせる。生育は旺盛で、栽培は容易。花後、自然樹形を生かしながらやや刈り込むと樹姿が整う。寒さにやや弱いので、寒冷地では霜が当たらない場所に植えるとよい。

花期　1　2　3　4　**5**　**6**　7　8　9　10　11　12

アナベル

アジサイ科/樹高1～2m

アメリカノリノキの園芸品種。初夏に20～30cmの大きな純白の装飾花が咲く。緑の蕾、白の花、再び緑になる色の変化も魅力。ピンクアナベルもある。春に伸びた枝に花芽がつくので、冬までのどの時期に剪定しても大丈夫。風通しが悪いとうどんこ病が発生するので注意を。

花期　1　2　3　4　5　**6**　**7**　8　9　10　11　12

カメリア‘エリナ カスケード’

ツバキ科／樹高0.8〜1.5m

中国の野生種を改良した園芸品種で、ヒメサザンカとも呼ばれる。淡いピンクの地に濃いピンク色のぼかしが入る清楚な花が魅力的。艶のある赤みがかった葉はカラーリーフとしても活躍する。枝が枝垂れるカスケードと呼ばれる品種は、たおやかな雰囲気が人気。強健で育てやすい。

花期 1 2 **3** **4** 5 6 7 8 9 10 11 12

カシワバアジサイ

アジサイ科／樹高1〜2m

北米原産のアジサイの仲間で、円錐状の存在感のある花穂をつけるのが特徴。カシワの葉に似た5〜7つに深く裂けた葉の形からこの名で呼ばれ、秋には紅葉する。水はけ、日当たりのよい場所を好み、日陰でも育つが花つきが悪くなる。樹形を整えるには、花後早めに剪定をする。

花期 1 2 3 4 **5** **6** **7** 8 9 10 11 12

サンゴミズキ‘エレガンティシマ’

ミズキ科／樹高1〜3m

冬に枝が真っ赤に染まることから、この名がついた。‘エレガンティシマ’は春〜秋は葉に乳白色の斑が入り、初夏には白い花、秋には紅葉と、四季を通じて美しい品種。日当たりを好むが暑さには弱いので、夏の直射日光と西日が当たる場所は避け、半日陰で育てるとよい。

花期 1 2 3 4 **5** **6** 7 8 9 10 11 12

コバノズイナ

ズイナ科／樹高0.6〜1.5m

赤みをおびた枝と新緑の対比の美しさ、初夏に咲く房状の白い花、秋の紅葉と、四季それぞれに美しい低木。強健で自然樹形でまとまりやすく、あまり大きくならないので、手間がかからない。徒長枝やひこばえが多く出る場合は、適度に枝の間引きをする。

花期 1 2 3 4 **5** **6** 7 8 9 10 11 12

シルバープリペット

モクセイ科／樹高1～3m

斑入り葉が美しく、丈夫で刈り込みにも耐えることから生垣にも使われる半常緑低木。春～初夏に香りのよい小さな白い花を咲かせる。成長が早いので、適度な剪定と枝透かしで好みの樹形に整える。先祖返りして斑のない葉が出たら、枝のつけ根から切り取ると、新しく斑入り葉が出る。

花期 1 2 3 4 5 6 7 8 9 10 11 12

シモツケ

バラ科／樹高0.6～1m

初夏に白や濃いピンクの、泡のような花を咲かせる。芽出し時は葉色がオレンジ色で後に黄金葉になる‘ゴールドフレーム’は、カラーリーフとしても活躍。日当たりのよい場所を好み、丈夫で生育は旺盛。花後に花がらを切ると、脇芽を伸ばして二番花が咲く。風通しよく育てるとよい。

花期 1 2 3 4 5 6 7 8 9 10 11 12

セイヨウニワトコ‘ブラックレース’

レンプクソウ科／樹高1.5～2.5m

エルダーとも呼ばれ、花や実がハーブとして活用されている。‘ブラックレース’は、深く切れ込みの入った繊細な葉形と黒紫色のシックな葉色の人気品種。高温多湿が苦手なので、枝が込みあったら適度に枝透かしをすると成長が早くなる。剪定は花後か秋～冬に行う。

花期 1 2 3 4 5 6 7 8 9 10 11 12

スモークツリー

ウルシ科／樹高2～4m

雌雄異株《しゆういしゅ》で、花の後に煙のような羽状になるのは雌株の花穂。大きく育つ木なので、バラのガーデンには矮性種《わいせいしゅ》が向く。また、カラーリーフとして活用する場合は、花は諦めて低く切り詰める方法もある。古くなった枝は剪定を。湿気や蒸れが苦手なので、風通しのよい場所が適所。

花期 1 2 3 4 5 6 7 8 9 10 11 12

斑入りグミ'ギルトエッジ'

グミ科/樹高1〜2m

葉に美しい斑が入る、常緑低木。常緑なので冬も寂しくならず、秋から冬にかけていっそう葉色が美しくなり、晩秋に芳香のある花が咲く。耐暑性、耐寒性に優れ、半日陰でもよく育つ。丈夫で刈り込みにも耐え、スタンダード仕立てにもできる。

花期 1 2 3 4 5 6 7 8 9 **10** **11** 12

トサミズキ'オーレア'

マンサク科/樹高1〜4m

葉が出る前に、淡黄色の花が穂になって7〜8輪ぶら下がるように咲く。ハート形の葉が美しく、とくに黄金葉の品種はみずみずしい葉色が魅力的で、カラーリーフの低木としても活躍。横張性の樹形で、放任しても自然樹形に整いやすい。日当たり、風通しのよい場所を好む。

花期 1 2 **3** **4** 5 6 7 8 9 10 11 12

ラベンダー

シソ科/樹高0.3〜1m

フレンチラベンダー

イングリッシュラベンダー、フレンチラベンダーなどいくつかの系統があり、花期がバラの一番花と合いやすいのは写真のフレンチラベンダー。日当たりと風通しのよいところが適所。高温多湿が苦手で、蒸れると葉が枯れ込むので、夏になる前に切り戻しをするとよい。

花期 1 2 3 4 **5** **6** **7** 8 9 10 11 12

プリペット'レモン アンド ライム'

モクセイ科/樹高1〜3m

別名リガストラム。明るい黄金色の小さな葉が密に茂る半常緑低木で、ガーデンがパッと明るくなり、バラの花を引き立ててくれる。秋にはややオレンジ色がかった葉色になる。耐暑性、耐寒性に優れ、強健で栽培は容易。周年剪定が可能で、刈り込んで生垣やトピアリーにも使える。

花期 1 2 3 4 **5** **6** 7 8 9 10 11 12

空間づくりのヒント

1 ぎっしり植えず空間に抜けをつくる

バラを健康に育てるためには、風通しの確保が欠かせません。小径を設ける、ぎっしり植えすぎないなど、通風のための工夫が大事です。バラを何本か植える際は極端に色数を増やさないほうが、風景がまとまりよくなります。

2 樹木、バラ、宿根草、一年草をバランスよく

ガーデンの中でバラの占める割合が多くなりすぎると、管理も大変です。ある程度数を絞り、樹木、宿根草、一年草をバランスよく取り入れると、管理の手間が楽になるだけではなく、立体感のある調和のとれた美しい風景をつくることができます。

小径を取り入れる

ガーデンの通風を確保するとともに遠近感を演出する小径は
ガーデンデザインの背骨ともいえる大事な要素です。
植物の手入れもしやすくなるので、狭い庭であってもぜひ設けましょう。

協力 ROSA VERTE
（ロザヴェール）

SCENE 1 小径沿いにバラをふんわりブッシュ状に

Point 1 シラカバの木肌を見せる

このシーンではシラカバがフォーカルポイント。手前のバラは樹高が低い品種を小ぶりに仕立てて、シラカバの木肌がよく見えるようにしています。

Point 2 バラは高低差をつける

小径沿いのバラは、「見下ろす位置」「目の高さ」「目より高い位置」と、あえてバラの花の高さを変えてあります。そのため空間にメリハリが生まれ、遠近感も強調されます。

バラ
❶オーギュスト ジェルベ ❷マダム ピエール オジェ
❸ジュード ジ オブスキュア ❹ロアルド ダール

樹木
❶シラカバ‘ジャクモンティ’ ❷シラタマミズキ
❸リガストラム‘ビカリー’ ❹ラズベリー

宿根草
❶アカンサスモリス ❷黄斑入りヤブラン
❸黒ミツバ

バラ
❶オーギュスト ジェルベ
❷カーディナル ヒューム
❸ノヴァーリス
❹マダム ピエール オジェ
❺ジュード ジ オブスキュア

樹木
❶シラカバ ‘ジャクモンティ’
❷サンゴミズキ

宿根草
❶ヘメロカリス
❷宿根スミレ
❸ペルシカリア・ミクロセファラ

SCENE 2 カーブをつけて奥行きを出す

Point 1 濃い花色のバラで遠近感を強調

小径にカーブをつけると、遠近感が強調されます。手前に濃い花色のバラを配置すると、風景が引き締まり、さらに奥行きを感じさせます。

Point 2 ハーフアーチで立体的に

小径に張り出すようにハーフアーチを設置し、つるがよく伸びる一季咲きのバラを誘引。背景のシラカバ‘ジャクモンティ’とあいまって優雅な雰囲気を醸し出しています。

コーナーで世界観をつくる

ガーデンをいくつかのシーンの連続と考え
コーナーごとに風景をまとめるのも、ガーデンデザインのひとつの方法です。
その際、ベンチやDIYの造作物やシンボルツリーなどを
デザインの核に据えると、風景がつくりやすくなります。

バラ
❶ピンク マザーズデイ
❷チェリー ボニカ
❸ノイバラ ❹オデュッセイア
❺クリスティアーナ
❻ロサ・ムンディ
❼ミセス オークリー フィッシャー
❽ブルー フォー ユー ❾ボレロ

樹木
❶プリペット‘レモン アンド ライム’

宿根草
❶ジギタリス ❷ルメックス
❸黒ミツバ

SCENE 1 木陰にベンチを置いて癒やしの場所に

Point 1

バラのウォールを背景にする

ベンチの背のエリアを、低木や数種類のバラでウォールのようにデザイン。ベンチに座ると木々に囲まれて落ち着いた気分になり、バラの香りに包まれます。

Point 2

ベンチ脇はバラの樹高を低く抑える

ベンチの脇には小ぶりのバラを植え、座面と同じか、やや高い程度に高さを抑えています。半日陰になる場所なので、とくに丈夫な品種を選んでいます。

バラ
❶ラ ドルチェ ヴィータ
❷ジュード ジ オブスキュア

樹木
①シラカバ‘ジャクモンティ’
②ベニバスモモ
③ゴンフォスティグマ
④リガストラム‘ビカリー’

宿根草
❶ロシアンセージ
❷ガウラ
❸ベロニカ‘グレース’
❹リシマキア
❺ラムズイヤー
❻ミント
❼オレガノ

一年草
❶ビオラ

SCENE 2 カラーリーフと宿根草がバラを引き立てる

Point 1 葉色に特徴のある木でフレームをつくる

銅葉のベニバスモモが風景の要に。葉色はシックで、存在感も抜群です。春には梅に似た淡いピンクの楚々とした花がぎっしり咲きます。

Point 2 バラはあえて1色に

あえてバラは淡いオレンジ色の2品種に絞り、濃い葉色の背景から浮かび上がるようにしています。「植えすぎない」ことで、風景をより印象的に演出するテクニックです。

Point 3 さまざまな葉色の低木や宿根草と組み合わせる

黄金葉のリガストラムやシルバーリーフのラムズイヤーなど葉色のコントラストがポイント。穂状の花を咲かせる宿根草がアクセントになっています。

フェンスを表情豊かに

シュラブローズやつるバラをフェンスに誘引する際は、バラだけではなく
足元に一年草や宿根草、フェンスには低木やつる性植物を取り入れると魅力的に。
バラ以外の植物を取り入れると、ニュアンスに富んだ風景がつくれます。

バラ
❶アスピリン ローズ

つる性植物
❶斑入りホヤ

宿根草
❶コバンソウ
❷黒ミツバ
❸カンパニュラ・ポシャルスキアナ
❹斑入りミズヒキソウ

一年草
❶ビオラ
❷ラークスパー

SCENE 1 淡いピンクとブルーでさわやかに

Point 2 バラ以外のつる性植物も利用

カラーリーフとして活躍する斑入りホヤやハゴロモジャスミン、バラと花期が重なるハニーサックルなどのつる性植物を取り入れると、フェンスが単調になりません。

Point 1 穂状の花の植物でアクセントを

穂状の花を咲かせる宿根草や一年草は、バラと相性抜群。バラにはないブルー系の花色のものを取り入れると、お互い引き立て合います。

SCENE 2 黄金葉とピンクのバラで輝くように明るく

Point 1 同系色で花形の違うバラを組み合わせる

中大輪でうつむいて咲く‘ロイヤル ジュビリー’と、小輪で房になってたくさん咲く‘夢乙女（ゆめおとめ）’。同系色で花形が違うバラを組み合わせることで、風景がニュアンスに富みます。

Point 2 足元を充実させる

バラの株元が寂しくならないよう、草丈の低い一年草や宿根草で覆いましょう。ピンクに対して差し色となるブルー系の花を取り入れるのもポイントです。

Point 3 バラの端境期にはアナベルが活躍

低木のロニセラ・ニティダは、バラの花期に黄金色に輝き、ピンクの花を引き立てます。バラの一番花が終わる頃、アナベルが白く大きな花を咲かせるので、バラの端境期も寂しくなりません。

バラ
❶ロイヤル ジュビリー
❷夢乙女（ゆめおとめ）

樹木
①アナベル
②ロニセラ・ニティダ
③ユオニマス‘ハピネス’

宿根草
❶ブルー キャットミント
❷ガウラ

一年草
❶フロックス‘チェリー キャラメル’
❷セリンセ・マヨール

ロイヤル ジュビリー

Case 1
樹木の庭のアクセントに
シックなバラを

［群馬県 兼岡さん］

緑の中にポツポツ花を

兼岡さんは樹木中心の緑の庭を目指し、20年かけて少しずつ庭をつくってきました。アプローチなどもすべてDIYで、樹木も自分で選んで植えて、剪定も行っています。樹木以外は、白花の植物を植える程度で、当初、バラは植えていませんでした。

バラを植えようと思ったのは、日本で作出されたニュアンスカラーのバラと出会ってから。どことなく和のテイストが感じられる色合いが、樹木の庭としっくりくると思ったからだそうです。そのほか、白と青紫色のバラも植えています。

樹木の枝を制限

庭へと続くアプローチ周辺は、野原のイメージで。風にそよぐグラス類や一年草、宿根草で、やさしい雰囲気を醸し出しています。

フェンスに和の色合いのバラを誘引。シルバープリペットの白い花と手前のグラス類がアクセントに。

一季咲きのバラのアーチをくぐると、一転して森のような雰囲気に。
　バラを始め宿根草などを健康に育てるためには、風通しが大事です。そのため樹木の剪定は思い切って行い、低い位置の枝は取り除くようにし、枝透かしも十分に行っているとか。樹木とバラが調和した、静けさに満ちた美しい空間に心癒やされます。

いおり

あおい

※上記の‘いおり’‘あおい’は、現在は入手しにくい品種です。また、この他にも、p110～p140には現在入手しにくい品種が含まれています。

ロサ・ムリガニーをアーチに誘引。アーチ手前のシルバープリペットの白い小花と白のグラデーション。

門柱に沿うようにラークスパー。

グラウンドカバーの銅葉のヒューケラ、黄金葉のルブス、ビオラ。

ビオラをフッキソウやラミウムで囲んでアクセントに。

Point 1

宿根草と一年草で アーチへのアプローチをナチュラルに

アーチに続く小径周辺は、セイヨウマツムシソウやシレネ、ギリア、ラークスパーなど風にそよぐ一年草で、やさしい雰囲気に。小径の縁には、グラウンドカバーで変化をつけています。

花色は白と紫に絞り、シックで上品な印象に。

クリスティアーナ

Point 2

白を基調にして木陰を明るく

白い花をつける樹木や宿根草、
一年草を中心に、ところどころアクセントに紫色を取り入れています。
中央のバラのハーフアーチは、'クリスティアーナ'。

Point 3

鉢バラや小物は高さを出す

木陰にバラの鉢植えや、バラの花を浮かべたバードバスが置かれています。高さを出すために、テラコッタタイルをランダムに重ねるなどの工夫を。

(右)鉢植えのバラは白～グリーンのグラデーションが美しい、'スマイル優雅'。(左)バードバスに浮かべたバラは、'あおい'、'いおり'。

左下はミニバラの‘グリーン アイス’。半日陰でも元気に咲いてくれている。

Point 4 シュラブローズを立体的に誘引

家屋の脇にDIYでコーナーをつくり、‘レイニー ブルー’を誘引。アイアンネットを取りつけることで、ミニパーゴラのようにしています。ネメシア、ブルーデイジーなど、同系色の淡紫色の花で足元をまとめています。

レイニー ブルー

Point 5 ベンチを中心に風景をつくる

フェンスに誘引した‘マダム アルフレッド キャリエール’と‘スノー グース’が背景になるよう、フェンスの外にDIYのベンチを配置。足元にブルー系のビオラやコンボルブルスを植え、白とブルーでストイックに空間をつくっています。

スノー グース

マダム アルフレッド キャリエール

ベンチによりそうように、コバノズイナ。剪定でベンチより高くならないようにしている。

❶ジギタリス
‘シルバー フォックス’
❷オルラヤ
❸フロックス
‘ムーディー ブルー’
❹アジュガ
‘チョコレート チップ’
❺ミズヒキソウ

ミツバシモツケ

キャットミント

庭の表情を豊かにする草花

白やブルー系の小花を咲かせる植物やグラス類、
グラウンドカバープランツが庭を彩っています。

ラグラス‘バニーテール’

❶クレマチス‘アラベラ’
❷サルビア‘ソークール’
❸カレックス・エラータ‘オーレア’
❹オニシモツケ
❺ルブス‘サンシャイン スプレーダー’
❻ヒューケラ‘ブロンディ’
❼ホスタ‘タマノカンザシ’
❽リシマキア・ヌンムラリア‘オーレア’
❾ネモフィラ‘プラチナ ラベンダー’
❿アラビス ⓫シノグロッサム
⓬ワスレナグサ ⓭シモツケ

❶スティパ‘エンジェルヘアー’
❷カレックス・フラゲリフェラ
❸スイートアリッサムと
スーパーアリッサム
❹カラミンサ ❺スミレ
❻シモツケ‘ゴールドフレーム’

‘アブラハム ダービー’や‘キング ローズ’などのバラと宿根草、グラス類、低木が見事に調和。

Case 2

メンテナンスしやすい庭にリニューアル

［群馬県 山田さん］

バラは手が届く高さまで

以前は家屋の壁面など、高い位置までバラを誘引していましたが、家の塗装工事を機に枝を切り、いったん抜いて撤去。ガーデン作業を軽減させるため、バラは低い脚立に上って手が届く範囲内におさめるようにしました。その結果、冬季の剪定・誘引作業や花がら切り、薬剤散布などの作業が格段に楽になり、ストレスフリーに。

庭植えで育てているバラは約50本。病害虫駆除にはキトサン、木酢液など、オーガニックなものを使用しているそうです。

鉢植えはなるべくまとめる

塗装工事の際に抜いたバラのうち何本かは、短く切って鉢植えに。鉢植えなら移動もさせやすく、大きくなりすぎる心配もありません。寄せ鉢にして1カ所にまとめると、施肥などの作業も楽です。また手間を軽減するため、下草はすべて宿根草にし、一年草は鉢植えで楽しんでいます。

ポール アルフ

数種類のバラを誘引することで、自然なグラデーションが生まれる。

Point 1

数種類のバラで ニュアンス豊かなアーチ

白とピンクの‘つるサマー スノー’、‘玉鬘（たまかずら）’、‘ポール アルフ’と花形の違う3種のバラでアーチを構成。クレマチス‘エトワール バイオレット’も誘引し、複雑なニュアンスを演出しています。

つるピンク
サマー スノー

つるサマー スノー

バラ‘コーネリア’とクレマチス‘プリンス チャールズ’を一緒に誘引。左下のバラは‘バフ ビューティー’。

Point 2

つる性のバラと クレマチスを組み合わせる

花期がほぼ同じバラとクレマチスは、相性のよい組み合わせ。バラにないブルー系のクレマチスはとくに、バラと引き立て合います。

バラは‘スカーレット メイディランド’、‘アイスバーグ’、‘レオナルド ダ ビンチ’、‘ピンク アイスバーグ’。

Point 3

窓の下を華やかに

庭のほぼ中央、窓の下はバラの季節に一番目立つ場所。
庭植えのバラと鉢植えのバラ、鉢植えのクレマチスを寄せて
景観をつくっています。足元が寂しいので、椅子やテーブルで工夫を。

ガーデンを彩るさまざまなクレマチス

篭口（ろうぐち）

白万重（しろまんえ）

プリンス チャールズ

ドクター ラッペル

H.F.ヤング

ジゼル

アフロディーテ エレガフミナ

マダム ジュリア コレボン

プリンセス ダイアナ

エトワール バイオレット

鉢植えのバラを集めたコーナー。

ガートルード ジェキル

Point 4

大きくなりすぎないよう 鉢植えでバラを並べる

鉢植えを置いてあるコーナー。早咲きの品種から遅咲きの品種まで、入れ替えて模様替えができるのも楽しみのひとつ。鉢部分は目立たないように、板で隠しています。

Point 5

DIYの作品を バラで引き立てる

フェンスに面してつくったバスストップ型の小屋の軒部分に、白バラの‘プロスペリティ’とクレマチス‘コンテス ドボシャール’を誘引。構造物を引き立てています。

ベンチに小物や鉢植えの一年草を飾っている。

プロスペリティ

Case 3

バラと草木が調和するナチュラルガーデン

［埼玉県 折原さん］

木陰のアーチ。‘アイヴァンホー’と‘ジュード ジ オブスキュア’を誘引。

ジュード ジ オブスキュア

アイヴァンホー

繊細なバラは植えない

ご夫婦ともに働いているため、平日はなかなかガーデンのお手入れができないという折原さん。なるべく手間を軽減するために、宿根草の割合を多めにし、繊細なバラは植えないようにしています。

育てているバラは65種類。オールドローズから最新のシュラブローズまで、お気に入りのバラをさりげなく植えています。

月に1回、殺菌剤散布を

毎年2月、カイガラムシ対策としてマシン油を枝に塗布。芽が出て以降は3種類の殺菌剤をローテーションし、月1回程度散布を。一季咲きのバラは花後バッサリ切り、剪定ゴミはたい肥にしてリサイクルしています。

バラの花期が終わったら、株元の草は整理します。通風の確保と、カミキリムシの害を早く発見するためです。盛夏以外は水やりもしません。「ほどほどの手間でのびのびと」が折原流です。

紫色系のバラと白い花で上品に。

庭のさまざまなバラの花でおもてなし。

Point 1 お客様をバラでお出迎え

バラ‘ブルー ランブラー’と‘ローズ シナクティフ(エモーション ブルー)’をフェンスに誘引し、足元にはフランスギク、オルラヤを植えたウェルカムガーデン。バラを追ってアジサイとシモツケが満開になります。

Point 2 株立ちの木を囲むように‘夢乙女’を誘引

株立ちのヤマボウシの幹を取り囲むように、小輪の‘夢乙女(ゆめおとめ)’を誘引。カラーリーフや寄せ植え、小物などと合わせて、木陰に明るい風景をつくっています。

原種系のスイートピー
‘マツカナ’

(右)葉面の大きいヒューケラが‘夢乙女(ゆめおとめ)’を引き立てている。
(左)寄せ植えや小物は、‘夢乙女’を誘引しているアイアンの台の上に置いている。

軒沿いに誘引しているのはノイバラ。手前のピンクのバラは‘クイーン オブ スウェーデン’。

バラ‘バリエガータ ディ ボローニャ’、コバノズイナなどをアレンジ。

庭を見渡せる憩いのバスストップ

Point 3

庭の敷地の縁に、DIYでバスストップ型の小屋を設置。
ガーデンの風景に変化が生まれ、目隠しの役目も担っています。
庭を見に来るお客様の、おもてなしの場としても活用。

Point 4

壁面には丈夫で 手のかからないバラを

壁面に沿ってアイアンのトレリスやポールなどを立ててバラを誘引。植えてある場所はアプローチより1段高くなっており、手前の斜面の部分は修景バラや低木、宿根草で風景をつくっています。

バフ ビューティー

‘ニュー ドーン’、‘ジョルジュ ヴィベール’、‘アントニオ ガウディ’などを誘引。

駐車場の屋根から壁まで天蓋のように誘引。

コンパクトな樹形でまとまる‘パシュミナ’。

赤いバラは‘ルージュ ピエール ドゥ ロンサール’、左上の白いバラは‘アルバ メイディランド’、右のピンクのバラは‘ポンポネッラ’。

お気に入りのバラを風景に馴染ませる

真宙（まそら）

ゴールデン ボーダー

クイーン オブ スウェーデン

ジュード ジ オブスキュア

プシュケ

レイニー ブルー

ポルカ

バリエガータ ディ ボローニャ

ダフネ

わかな

Case 4

シーンごとに絵になるように

［埼玉県 戸田さん］

小さなポーチの前に数種類のバラを。ミニパーゴラは‘ドロシー パーキンス’、ブルーのトレリスには‘ピエール ドゥ ロンサール’を誘引。

(右) センティッド エアー
(左) セプタード アイル

8年かけて理想の庭に

ガーデンをつくるために、戸田さんがまずやったのが土づくり。徹底的に土地を耕し、鶏糞や腐葉土、たい肥などをすき込み、植物が元気に育つ土に。庭の縁には、外からの目隠しも兼ねて樹木を植えました。

育てているバラは100種ほど。DIYで小屋やパーゴラなどをつくり、コーナーごとに風景をつくっています。一年草は秋に種をまいてポットで育苗し、2月頃庭植えや鉢植えにしています。

「木を元気に」を徹底

バラの葉が展開してからは2週間に1度、薬剤散布を。虫除け効果を期待して、株元にはヒノキチップでマルチングしています。樹が健康だと病気にも耐えられるので、樹を育てることを最優先。施肥は花後と冬。冬季は3回に分けて、鶏糞やたい肥などを与えているそうです。

小屋型パーゴラには、‘群舞（ぐんまい）’、‘フランソワ ジュランビル’、‘ザ ジェネラス ガーデナー’を誘引。

DIYで小屋型パーゴラとゲートを一体化

Point 1

小屋は腰板から上はアイアンのトレリスを組み込み風が通るようにし、内部にもバラを誘引できるように。ゲートにはクレマチスも誘引しています。ベンチの上には購入直後の開花株。1年育ち方を見てから、どこに植えるか決めます。

アイアンの隙間から、内部に向けてもたくさんの花を咲かせている。

群舞（ぐんまい）

ザ ジェネラス ガーデナー

クレマチス‘ジャックマニー’

小屋の中には小物やアレンジを飾っている。

Point 2

小屋へのアプローチはバラを低く仕立てて

芝生のエリアから奥の小屋に向かうアプローチは、コンパクトなタイプのバラを植え、樹高を抑えて。背の高いセントーレアやラークスパー、オルラヤなどの一年草が、バラと調和しています。

右手前の濃いピンクのバラは‘フレーズ’、その奥の淡いピンクのバラは‘ルミナス ピラー’。

Point 3

緑が多い場所のアーチは鮮明な色で

樹木を背景にしたエリアは、木々の深い緑色から浮かび上がるよう、アーチに濃いローズピンクのバラを誘引。右足元にはコンパクトな‘スイート マザーズデイ’。

Point 4

小さなスペースには小さなバラを

DIYの建物の際に‘フランボワーズ バニーユ’、‘群舞（ぐんまい）’、つる性のミニバラ‘宇部小町（うべこまち）’など。‘群舞’は左のアーチに誘引中。‘フランボワーズ バニーユ’も建物に誘引予定です。狭い場所も空間を立体的に利用すれば、何種類かのバラを育てられます。

淡いピンク〜ピンクの濃淡絞りなど、同系色のつるバラを集めたコーナー。

‘つるローズうらら’の足元には同系色の鉢植えクレマチス‘ヌビア’。

つるローズうらら

Point 5 ふわっとした一年草で やさしい風景に

オベリスク仕立てのバラを包み込むように、アグロステンマやオルラヤ、セントーレアなどの一年草を植えてナチュラルな雰囲気に。鮮明な色のジギタリスがアクセントになっています。

ベルメール

フラワーカーペットローズ
ピンク スプラッシュ

近くを歩くと、バラとカモミールの香りに満たされる。

Point 6 木に囲まれたガゼボを華やかに

ガゼボがあるのは木々に囲まれたコーナー。緑に負けないよう明るい花色、とにかく丈夫な品種という条件で‘アンジェラ’を誘引。単調さを避けるため、ピンクの‘シャポー ドゥ ナポレオン’を組み合わせています。

アプローチ沿いにローズマリーやブロンズ
フェンネルなどハーブ類を植栽。

Point 7 木立に仕立て、まとめて植える

芝生のまわりは木立のバラを列植して華やかに。日当たりも風通しもよいので、たくさん花をつけます。植えているのは‘オデュッセイア’、‘マイローズ’、‘フロキシー ベビー’など。

白いガーデン家具が、芝生と
バラによく似合っている。

Case 5

ふたつの庭で環境にあったバラを

［神奈川県・山梨県 影山さん］

開墾から始めた庭づくり

神奈川県の集合住宅の庭と、山中湖近くの斜面の庭。2つの庭を楽しんでいる影山さん。環境がまったく違うため、異なるコンセプトで庭づくりを行っています。

山の庭は、斜面を開墾するところからスタート。ご夫婦で木を50本ほど伐採し、バラや宿根草を植えられるスペースをつくるまでがひと仕事でした。冬は氷点下20度になるため、オールドローズを中心に寒さに強く花びらが厚い品種を選定。無農薬で育てています。

土にこだわって無農薬栽培

まちの庭はドクダミやスギナがはびこっていた庭を70cm掘り起こし、徹底的な土づくりからスタート。炭、バークたい肥、赤玉土を十分に入れて水はけがよい肥沃な土にしました。写真は庭づくりを始めて3年目の様子。日当たり、風通しもよいことから、バラも宿根草も順調に育っています。

家のまわりを平らに整地し、
バラと宿根草の庭に。

山の庭

冬は氷点下20度に
丈夫で寒さに強いバラを集めて

階段もDIY。アーチに誘引しているのは‘群舞（ぐんまい）’。

庭の上のほうから見た風景。毎年土留めをやり直す必要がある。

階段沿いにはラミウムなど明るい葉色のグラウンドカバーを植えている。

斜面の下から家屋まで、'ボニー'を誘引。

アリスター
ステラ グレイ

Point 1

急斜面は
オールドローズを中心に

階段沿いの斜面には、丈夫で野趣あふれる
オールドローズを中心に植えています。
また、アーチや広い面積を花で埋めたい場所は
小輪でよくつるが伸びる品種を選定。
木々に囲まれた風景と調和しています。

切ったバラにグラウンドカバーのヘビイチゴの実を添えて。

コーネリア

斜面から家のテラスの手すりに'コーネリア'を誘引。

テス オブ ザ ダーバービルズ

山の環境でも育つバラを集めて

レイニー ブルー

フラウ ホレ

シビュラ

いおり

アンクレット

ブリリアント
ピンク アイスバーグ

レオナルド
ダ ビンチ

バラと調和する宿根草

アリウム‘クリストファー’

ゲラニウム‘ジョンソンズブルー’

アストランティア

まちの庭

日当たりのよさを生かして 野原のようにのびのびと

DIYのフェンスにバラの‘レイニー ブルー’と‘かおりかざり’、クレマチスの‘ダッチェス オブ アルバニー’を誘引。レイズドベッドの左側に極小ミニバラの‘姫乙女（ひめおとめ）’、右側はミニバラの‘スイート チャリオット’。

Point 2 人の手を感じさせない雰囲気に

山とまちの家を行ったり来たりなので
作業の省エネを図り、バラは背の高さより高くしないように。
バラ以外の植物は、紫色の花が咲く
小花の植物が中心。種がこぼれて
自然に野原になったイメージを目指しています。

壁に立てかけたトレリスにバラ‘ジ オルブライトン ランブラー’を誘引。足元に‘サント ノーレ’、サルビア・ネモローサ。

バラは樹高を高くしすぎず、小径も設けて風通しよく。椅子やガーデンオーナメントで風景に変化をつけている。

育てているバラの一部

あおい

マダム イザーク ペレール

ザ ミル オン ザ フロス

玉蔓（たまかずら）

ゲーテ ローズ

ホワイト グルーテンドルスト

バラを引き立てるブルーの花

サルビア・コアウイレンシス

ブルーサルビア

サルビア・ネモローサ

小径沿いはブルー系の花で統一。

黄色い花を差し色に使う

コツラ

アスペルラ・オリエンタリス

カタナンケ

南側の幅2.3mの細長い庭。オレンジ色の‘ラ ドルチェ ヴィータ’とカラーリーフが調和している。

Case 6 条件が厳しくても美しく育てる

［千葉県 北さん］

樹高60～90cmで房咲きになる‘ボレロ’。

少しでも風通しを確保

通風も日照も決してよくはない通路のような庭に、なんとかバラを美しく咲かせたい。そのために北さんがまずやったのは、思い切ってバラの数を減らすことでした。以前は40本あったバラを、丈夫で厳しい条件にも耐えてくれる8本に厳選。「1本1本を、きちんと咲かせる」を実践しています。

薬剤散布は週1回

条件が決してよくないので、病気の防除のために殺菌剤散布は欠かせません。ダイセン、ダコニール、サンヨールの3種をローテーションさせ、生育期には週に1回、散布しています。少しでも風通しをよくするために、バラの株元すぐ近くには植物を植えないように。日照が少なく暗くなりがちな空間が少しでも明るい印象になるよう、オーレアリーフや斑入り葉の植物を取り入れています。

ボレロ

Point 1 玄関前の小スペースにもバラを

日照も少ない小さな場所なので、コンパクトな樹形でよく咲いてくれる‘ボレロ’を植えています。白い花がポッと灯りをともしたよう。アーチにはクレマチスと斑入りエビヅルを誘引しています。

エクレール

メアリー ローズ

イングリッシュ
ヘリテージ

バレリーナ

北側の通路

幅2.3mの通路の両脇に
半日陰に耐える植物と丈夫なバラを

バラ‘メアリーローズ’はブッシュ仕立てに。通路沿いには半日陰でも育つホスタなどを植えている。

逆の方向から見たところ。壁沿いには丈夫な‘バレリーナ’を誘引。

南側の庭

隣家が迫り日照が少ない
幅2.3mの庭も
工夫次第で美しく

通路のフェンス側は日陰に耐える下草を。家屋側に、花色の明るいオレンジ色のバラや宿根草を植えている。

条件が厳しくてもよく咲く‘リモンチェッロ’。日が当たらない下は枝だけにし、スタンダード仕立てに。

ルイジアナアイリス

ラ ドルチェ ヴィータ

リモンチェッロ

日照の少ない庭を明るくする工夫 Point 2

植栽スペースのほとんどが半日陰なので、日照が少なくても耐えてくれるオーレアや斑入り、覆輪のカラーリーフを活用。薄暗い場所を明るく見せる工夫をしています。

タガネソウ

フィリペンデュラ・ウルマリア‘オーレア’
（キョウガノコの仲間）

カレックス・オシメンシス
‘エバリロ’

小径沿いに明るい葉色の下草を列植。手前はユーフォルビア‘ゴールデン レインボー’。

ハンギングをつくる際に余った苗を植え、このようなまとまった風景を実現。

Point 3

奥行きの狭いスペースも上手に生かす

家の敷地の外、駐車場沿いのコーナー。フェンスに沿った奥行き65㎝のスペースに、ヒューケラやホスタ、ニューサイランなどカラーリーフを中心に空間を構成。白の‘アイスバーグ’が咲き終わると、ユリ‘ブラックビューティー’が開花します。

クレマチス‘江戸茶’

クレマチス‘パルセット’

ハニーサックル

Point 4

つる性植物で狭い場所を立体的に使う

敷地が狭く日照も不足しがちなので、つる性植物で空間を立体的に活用。フェンスを有効活用でき、構造物の柱やオベリスクなどで上に伸ばすと、高い位置で光をキャッチし光合成を行えます。

クレマチス‘アフロディーテ エレガフミナ’

ミニパーゴラの柱に、クレマチス‘ベル オブ ウォーキング’を誘引。

Case 7

DIYのガーデンにバラを生かす

［群馬県 山中さん］

モルタルのDIYの門柱に、えんじ色の‘ジプシー ボーイ’を誘引。

雑木の庭のアクセントに

木漏れ日が美しい雑木中心のナチュラルな庭に、アクセントとしてバラを活用。庭の骨格は樹木や宿根草の葉でつくり、差し色としてバラや他の花を取り入れています。なかでもDIYの構造物は、なるべくバラと組み合わせるようにしています。

好みのバラは、花が大きすぎず、淡い色のもの。ただし淡い色だけだとガーデンの風景がぼやけるので、えんじ色を加えています。

鳥のプレゼントも

原則としてオーガニック栽培で、病害虫予防にはニームや木酢液を使用。冬に宿根草を刈り込んだ後、たい肥と米ぬかなどを与えています。ランブラー系などよく伸びるバラは、肥料は与えません。

庭には鳥がよく訪れ、鳥の糞が落ちたところから実生のミニバラが生えたことも。品種はわかりませんが、鳥からのプレゼントと思い、鉢で育てているそうです。

マニントン モーヴ
ランブラー

ジプシー ボーイ

Point 1

駐車場沿いの小スペースに風景をつくる

家屋の壁を背景にアーチを立て、よく伸びるバラを誘引。アーチの下に鉢植えや小物を置ける棚を設置し、小スペースを有効活用しています。アーチから小物をぶら下げたり、鉢をペイントする工夫にも注目を。

(上)壁沿いのアーチに'マニントン モーヴ ランブラー'を誘引。
(右)ベンチの背景にイングリッシュローズの'ルドゥーテ'。

ルドゥーテ

Point 2
構造物と組み合わせて立体的に

ガーデンや駐車場まわりの要所要所に、DIYの構造物を設置し、バラとの組み合わせを楽しんでいます。誘引するのは、花径があまり大きくない品種。枝がよく伸びる品種だと、広範囲にわたって誘引することが可能です。

バスストップ型の小屋の軒に‘群星(ぐんせい)’を誘引。左手前の鉢植えは鳥の落としものから生えてきたバラ。

アーチの内側にDIYの棚を設置。アーチには‘ブルー ランブラー’を誘引。

Point 3
家屋沿いの小屋の窓をバラで囲む

家屋に面してDIYで小屋を設置。軒によく伸びる‘フランソワ ジュランビル’を誘引しています。窓のまわりにも垂らしているので、室内からはバラが窓の縁取りのように見えます。

窓の下に小さな棚をつくり、バラと小物で風景をつくっている。

小屋とアプローチの間は、さまざまなカラーリーフで埋めている。

バラ図鑑

育ててみたい新しいバラ

21世紀に入ってから作出された新しいバラのうち、とくに人気が高く、通信販売なども含めて比較的入手しやすいバラをご紹介しています。

p18の「バラのタイプで選ぶ」に準じてABCに分けてありますので、バラを選ぶ際の参考にしてください。

なおBとCのカテゴリー内では、樹の大きさで分け、小型のグループから紹介しています。


【図鑑の見方】

樹のタイプ

- **S**………シュラブローズ。夏以降に花枝が伸び、つる仕立てにすることも可能。
- **木立**…木のように自立する樹形。
- **つる**….つるバラ。オベリスクやアーチなどに誘引できる。

開花性

- **四季咲き**………開花後に花茎を切ると伸びた枝先に必ず花をつけ、一番花から晩秋まで花を楽しめる。
- **繰り返し咲き**……一番花の後、開花後に花茎を切り、剪定をすると、四季咲きというほどは咲かないけれど初秋まで花を咲かせる。太めのシュートは、花芽をつけないこともある。
- **返り咲き**…………春の一番花の後に花がら切りをすると、伸びた枝先にちらほら二番花が咲く。秋には咲かないものもある。

樹の大きさ

小….1m以下　**中大**….1.5〜1.8m
中….1〜1.5m　**大**…….1.8m以上

※生育状況などによって樹高は変わるので、あくまで参考です。

花の大きさ

小輪……3〜4cm　**中大輪**…8〜10cm
小中輪…4〜5cm　**大輪**……10cm以上
中輪……5〜8cm

香り

強香……とくに香りが強い品種
中香……ほどほどに香る品種
微香……香りが淡いか、ほとんどない品種

ブランド

育種家個人の場合と、会社の場合があります。

※**ADR認証**：ADR認証とは、ドイツでつくられたバラの品種認定システム。ドイツ全土11カ所で3年間、薬剤散布をせずに試験栽培をし、花の美しさ、連続開花性、耐寒性、耐病性などが一定の基準を満たした品種だけに、ADR認証が与えられる。

バレッタ

Aタイプのバラ

手間に応えて豪華な花や繊細な花を咲かせる

アルチーナ　木立・四季咲き　大輪　中香

●樹の大きさ…中
●ブランド…ロサ オリエンティス

花弁を乱した大きめの黒みのある赤色の花が、しなやかな枝先からふわっと咲く。ダマスクの香りもあり、妖艶。ヘンデルのオペラにもある魔女の名から命名される。

栽培のポイント 枝は細く初期生育が遅いので、苗のうちは摘蕾を繰り返し、成木になっても弱い剪定を繰り返す。

ガブリエル　S・四季咲き　中輪　強香

●樹の大きさ…中
●ブランド…河本バラ園

大天使の名の神秘的な花。中央にうっすらと紫をさし、やわらかな芳香を漂わせる小さめの花。細長く小さめのマットな質感の葉、細い枝先からうつむくように咲く。

栽培のポイント 樹勢がおとなしいので通常よりひとまわり小さめの鉢に植え、苗のうちは摘蕾と弱剪定を繰り返す。順調に育つとサイドシュートが出るようになる。

春

秋

ル サブリエ　木立・四季咲き

中輪　微香

●樹の大きさ…小
●ブランド…ロサ オリエンティス

淡い茶色のロゼット咲きで中央にボタンアイ。少し大きめに感じる花が房咲きになって、細い枝先に咲く。花色は最初橙色をおび、次第に淡茶色に移りゆく。

栽培のポイント　株はコンパクト。枝が細いので弱剪定で。鉢植えに。

コフレ　S・四季咲き

中輪　中香

●樹の大きさ…中
●ブランド…ローズ ドゥ メルスリー

中央が藤色で外側が淡緑色のアンティークカラー。カップ咲きからロゼット咲きに。ごく遅咲きで梅雨入り頃から咲く。花もちがよい。

栽培のポイント 樹は大きくなるが、強剪定は避ける。肥料が多いと開きにくくなる。

ブルー グラビティ

木立・四季咲き

●樹の大きさ…中
●ブランド…ロサ オリエンティス

中輪　中香

もっとも青く感じるバラのひとつ。青藤色で高温時は灰色がかる。春は剣弁咲き～ロゼット咲き、秋は波状弁咲きの花が、細い枝先に咲く。

栽培のポイント うどんこ病には強いが黒星病には普通。株は小さめで枝は細い。鉢植えで弱剪定で育てる。

ブルー ムーン ストーン

小中輪　強香

木立・四季咲き

●樹の大きさ…小　●ブランド…河本バラ園

緑色を含む白く丸い蕾から、藤色の整ったロゼット咲きに開花。次第に灰紫色の房咲きになって咲き混じる。甘い香り。樹はコンパクトな木立性。

栽培のポイント 強剪定は避ける。育てて3年くらい経つと、シュートが出るようになる。

ブルー ムーン ストーン

Bタイプのバラ

“そこそこ”の手間で美しく咲いてくれる

樹の大きさ
小

アイズ フォー ユー

中輪
強香

木立・四季咲き

●ブランド…ワーナー

藤色地に赤紫の大きなブロッチ（アイ）の半八重咲き。地色は季節により変わる。スパイシーな香り。樹はコンパクトで、四季を通じて咲き続ける。発表以来のロングセラー。

栽培のポイント 樹勢はあるが枝は細く、あまり深く剪定せずに花を咲かせながら大きくしていく。

エクレール 木立・四季咲き

小輪
微香

●ブランド…コマツガーデン

淡い緑のカップ咲きで、小輪・房咲きで連続して咲くポリアンサタイプ。庭で咲かせると白色も混じる。花もちがよい。切花品種としても販売される。枝変わりに‘ラディッシュ’がある。

栽培のポイント
夏は葉を落とすが、秋には回復。鉢植え・庭植えに。庭に一株あると咲いたとき切り花にして楽しめる。

アンファン ドゥ コライユ

中輪
微香

木立・四季咲き

●ブランド…京阪園芸オリジナル

鮮やかなコーラルオレンジからコーラルピンクに移りゆく花弁が、整然と並んで立ち上がり、ゆらめく。咲くときにより淡くもなり、花色の変化の幅が大きい。

栽培のポイント 樹はコンパクトな木立性で横張り。早くから細い枝にも花を咲かせるので、苗のうちは摘蕾を。

エターナル 木立・四季咲き

中輪
強香

●ブランド…ローズなかしま

藤色品種の中でも花弁が大きく波打つ中輪花。ブルー系の芳香。樹は横張り性。

栽培のポイント 適度な薬剤散布で葉を保つ。枝は斜めに長めに伸びる。

シャルール　木立・四季咲き　中輪　中香

●ブランド…ロサ オリエンティス プログレッシオ

オレンジとコーラルピンクが混じる花は次第に紅色に染まり、房のなかにさまざまな色が咲き混じる。花もちがよい。樹は木立性のFLタイプ。人気品種。

栽培のポイント 耐病性に優れ、枝は伸びすぎず育てやすい。

シラノ ド ベルジュラック　中輪　強香

木立・四季咲き

●ブランド…ロサ オリエンティス プログレッシオ

花・耐病性・香り・コンパクトな株のバランスがよい。黒赤色の、おおらかに花弁を乱すロゼット咲き。ダマスク系にティー、グリーンの強香。花もちがよい。

栽培のポイント

樹はコンパクトな半直立性。鉢植えにも、庭の前面にも。

ステファニー グッテンベルク　中大輪　中香

木立・四季咲き　●ブランド…タンタウ

アイボリーをベースに、咲くときによってアプリコットやピンクのニュアンスになる。樹は横張り性。主幹は太いが花枝は細く株全体でやわらかな雰囲気。

栽培のポイント

耐病性・耐寒性が高い。鉢植えや庭植えに。

ケルビーノ　S・繰り返し咲き　中輪　中香

●ブランド…デルバール

花芯を少しのぞかせる半八重オープンカップ咲き。樹はコンパクトな横張り性。バラの専門誌『New Roses』20号記念花として贈られる。仏名は'Jardin des Tuileries'（テュイルリー公園）。

栽培のポイント

樹勢はあるが枝が伸びすぎない。通常の剪定と薬剤散布で秋にも花を咲かせるが少なめ。

シャドウ オブ ザ ムーン　小中輪　微香

木立・四季咲き

●ブランド…ロサ オリエンティス プログレッシオ

波状弁咲きの赤紫色の小中輪花を、初冬まで安定して咲かせる。樹は横張り性。

栽培のポイント 耐病性が高く薬剤散布は少なめ、肥料も少なめ、剪定は浅めで育てる。

縁（ゆかり）　木立・四季咲き

中輪　中香

●ブランド…ハークネス

赤みのある黄色～黄色のカップ咲き。繰り返しよく咲く。ティー系の芳香。株は横張り性でコンパクト。

栽培のポイント 樹勢があり、耐病性は高め。シュートで更新するタイプなので、冬剪定は深めに。

ナディーヌ エクセラリッシ

中輪　強香

S・四季咲き　●ブランド…ドミニク・マサド

アイボリーの花弁は先が尖り、カクタスのような形になる。咲くときによりアプリコットやピンクみをおびる。

栽培のポイント コンパクトな株にふんわり花を咲かせ続ける。剪定は浅めに。

ラディッシュ

木立・四季咲き

小輪　微香

●ブランド…
コマツガーデン

'エクレール'の枝変わりで、濃いピンクにグリーンが混じる。

栽培のポイント
性質は'エクレール'に同じ。あまり気を使わずに、自然に育てたほうがよい。

プチ ポワン　木立・四季咲き

小輪　中香

●ブランド…ローズ ドゥ メルスリー

ソフトピンクの花が房咲きになるポリアンサタイプ。花色が少し濃くなったり、アプリコット色をおびることも。

栽培のポイント
中輪のバラとグラウンドカバーの草花の中間に植え、春～秋まで咲く花を楽しむ。耐病性は普通。

フレーズ　S・四季咲き

中輪　中香

●ブランド…ロサ オリエンティス

鮮やかなピンク色の花が房咲きになって、春は丸くコンパクトな株全体を覆う。四季を通じて咲き続け、秋花は大きめで整った花一輪でも楽しめる。

栽培のポイント 肥料は少なめに。多いと花色がぼやけたり、飛び出すシュートが出る。

樹の大きさ
小

リュシオール

木立・四季咲き

小中輪
中香

●ブランド…ロサ オリエンティス
　　　　　プログレッシオ

黄色で、咲き進むと少し淡くなる
花弁数少なめのカップ咲き。花名（蛍の意味のフランス語）のように株に灯りをともすように次々に咲き続ける。フルーツにティーの中香。

栽培のポイント 苗のうちは摘蕾を。成木になっても弱剪定で繰り返し花を咲かせる。耐病性高く、国内外の国際コンクールで受賞。

ロアルド ダール　S・繰り返し咲き

中輪
中香

●ブランド…イングリッシュローズ

アプリコット色の整ったカップ咲きの花が、低めの横張り性の株に咲き続ける。

栽培のポイント 通常のシュラブローズの栽培法で。

リナルド　木立・四季咲き

小中輪
中香

●ブランド…河本バラ園

赤紫色から咲き始め、次第に灰紫色に。房咲きになって房のなかにグラデーションを見せる。花名はヘンデルのオペラにもある中世の騎士名。

栽培のポイント 樹は直立性。弱剪定で育てる。

リラ　木立・四季咲き

中輪
中香

●ブランド…ロサ オリエンティス プログレッシオ

藤色＋カップ咲き＋ダマスクにティーの芳香＋しなやかな株姿＋高い耐病性の人気品種。

栽培のポイント 初期生育は遅めなので、苗のうちは摘蕾を。樹に力がついてくると多少暴れる枝が出るが、成木になるとまとまる。剪定は浅め、肥料は少なめに。

リラ

ロアルド ダール

アッサンブラージュ

Bタイプのバラ

樹の大きさ 中

アッサンブラージュ

中輪 強香

S・四季咲き

●ブランド…京阪園芸F&Gローズ
「ローズアロマティーク」

花の中央をほんのりピンク～アプリコットに染める中輪カップ咲き。グリーンアイを見せることも。ダマスクとフルーツの強香。葉は楕円形で葉脈が目立つ。

栽培のポイント 樹は直立性。弱剪定で自然にじっくり育て、枝が横にたわむ頃に新しい枝を出し、本来の花を咲かせるようになる。

アンナプルナ 木立・四季咲き

中大輪 強香

●ブランド…ドリュ

透きとおるような純白の高芯咲きの中大輪花からはさわやかな香り。フランスでもっともよく育てられる白バラのひとつ。

栽培のポイント
通常の栽培管理で四季を通じて咲く。剪定は中くらいで。

アジュール 木立・四季咲き

中輪 強香

●ブランド…ローズ ドゥ メルスリー

白～ピンクのブラッシュ。弁先が尖って少し曲がる個性的なロゼット咲き中輪。春花は中央にボタンアイも。ダマスクにフルーツの強香。

栽培のポイント
剪定は浅め。薬剤散布は通常通り行って育てる。

夜来香（イエライシャン）

中大輪 中香

木立・四季咲き

●ブランド…青木宏達

藤色の花は高芯咲き。ブルーローズの香りは一般的にこもりがちだが、この品種は明るく広がる。

栽培のポイント
通常のHTの栽培で繰り返し咲く。

アンクレット

中輪 強香

S・四季咲き

●ブランド…コマツガーデン

ローズ色がかったニュアンスのある赤色のカップ咲き中輪。ダマスクとシトラスの強香。赤芽から濃緑になる葉は下を向き、うつむき加減に咲く花とともに妖艶。

栽培のポイント 樹はシュラブでよくまとまる。剪定は浅めで。

カインダ ブルー

イージー タイム

カインダ ブルー 木立・四季咲き

中大輪
微香

●ブランド…コルデス

モーヴ色の中大輪花で、春は見事な大房咲きに。秋は少しうつむいて咲く。

栽培のポイント 樹は半直立性。耐病性・樹勢ともに強い。

薫乃（かおるの） 木立・四季咲き

中大輪
強香

●ブランド…京成バラ園芸

淡いベージュで中央に淡いピンク〜アプリコットの中大輪カップ咲き。「モダンローズのさまざまな成分を含む」といわれるやわらかな芳香がある。

栽培のポイント 樹は木立性で初期生育は遅め。繰り返しよく咲くが、薬剤散布はしっかり行う。

イージー タイム 木立・四季咲き

中大輪
微香

●ブランド…ハークネス

オレンジ色をベースに花色が微妙に変わる中大輪。ときに弁先に切れ込みが入る。よく繰り返し咲く。樹はかっちりとした木立性。

栽培のポイント 黒星病に強く栽培は容易。

ヴィウー ローズ 木立・四季咲き

中大輪
中香

●ブランド…デルバール

新芽は艶のある銅葉。短い花首・艶のある濃緑の葉の上に、シックな赤紫色の大輪花が上を向いて咲く。

栽培のポイント
枝にトゲが少なく、樹はまとまりがよい中くらいの木立性。通常の栽培で。

クランベリー ソース

大輪
強香

木立・四季咲き

●ブランド…コマツガーデン

ラベンダーのニュアンスのしっとりとした赤紫色の大輪。フルーツ香にマスカットの清々しい香り。

栽培のポイント 樹は木立性であまり大きくならない。薬剤散布はしっかりと。

グレーテル 木立・四季咲き

中輪 微香

●ブランド…コルデス

半八重の花はクリームホワイトからサーモンピンクに色のりし、房のなかに咲き混じる。独特の細長い照り葉。

栽培のポイント
樹は半横張り性で病気に強く、次々と咲く。

カレス 木立・四季咲き

中輪
中香

●ブランド…京阪園芸F&Gローズ
「ローズアロマティーク」

青みあるピンクで花の周囲が濃色。花弁の中央に白い筋が入るカップ咲き中輪で、房咲き。フルーティの中香。花つきがよく、散るまでカップを保つ。

栽培のポイント 樹は半横張り性。初期生育はやや遅いのでじっくり育てる。

キャリス 木立・四季咲き

大輪
微香

●ブランド…ハークネス

鮮やかな赤色の大輪。葉は大きめの照り葉で樹は比較的コンパクト。ハークネスローズの中で日本でトップの人気品種。

栽培のポイント
シュートで更新するタイプだが、苗のうちはあまり深く切らない。

グレーフィン ディアナ

大輪
中香

木立・四季咲き

●ブランド…コルデス

大きなワインレッドの花からは、フルーティとローズの香り。ドイツ本国でトップの人気品種。

栽培のポイント 枝にトゲが多く、樹はシュラブ状によく伸びるが、剪定でコントロール。耐病性が高いADR認証品種。

ゲーテ ローズ　木立・四季咲き

大輪　強香

●ブランド…タンタウ

紫をおびた濃いピンクの大輪。平たいロゼット咲き。ダマスク系でフルーティなとても強い香り。樹は木立性でまっすぐ伸びる。

栽培のポイント 枝は太め。勢いがつくと房咲きになる。通常の木立性HTのように育てる。

クロッシェ　木立・四季咲き

中輪　中香

●ブランド…ローズ ドゥ メルスリー

グリーンを含むオフホワイトで中央がピンク。小さい花弁をびっしり重ねる巧緻な造形の中心を、大きめの外弁がふんわり包む。ミルラとティー中心の独特の香り。

栽培のポイント 樹はあまり大きくならない。弱剪定で。

恋きらら　木立・四季咲き

小中輪　中香

●ブランド…京成バラ園芸

さわやかな黄色で先が尖った花弁のカップ咲き。咲き始めは一重のバラのように夜間には花弁を閉じる。甘くさわやかなティー系の香り。

栽培のポイント 枝は細めで房咲きに。最初は弱剪定で育てる。成木になると株全体を房咲きの花が覆うようになる。

クロード モネ　木立・四季咲き

中輪　中香

●ブランド…デルバール

ピンク・オレンジ・イエロー・ホワイトが入り混じる「画家のバラ」シリーズの品種。ロゼット咲き中輪。ダマスク・ティー・ミルラ・パウダリーの芳香。

栽培のポイント 枝は細めで葉は小さい。やや暑さに弱い。あまり深い剪定は避ける。

樹の大きさ
中

サボン　木立・四季咲き

中輪
強香

●ブランド…ローズ ドゥ メルスリー

花・樹・香りのバランスが優れている。花はオフホワイトをベースに、ピンクやアプリコットがにじむ。ボタンアイの中心には赤いしべ。ダマスク・ミルラの強い香り。

栽培のポイント 枝は細く葉は小さく耐病性が高い。弱剪定で。

コント ドゥ ラ フェール

木立・四季咲き

中輪
強香

●ブランド…京阪園芸F&Gローズ「ローズアロマティーク」

オールドローズを思わせる青みのあるピンク色のカップ～ロゼット咲き。強くピュアなローズの香り。

栽培のポイント 葉はマットな質感で小さめ。株は半直立性。弱剪定で自然な姿に育てる。

シェエラザード　木立・四季咲き

中輪
強香

●ブランド…ロサ オリエンティス

エキゾチックな気品。濃いピンクの宝珠弁を波打って重ねる。ダマスク・ティー・スパイスの強香。よく繰り返し開花する。

栽培のポイント こんもり茂る木立性。サイドシュートが出るまで弱剪定を繰り返す。薬剤散布は忘れずに。

コンフィチュール　木立・四季咲き

中輪
強香

●ブランド…ローズ ドゥ メルスリー

ソフトなアプリコットオレンジのカップ咲き。強く甘いフルーティな香り。出芽は銅葉で花を引き立てる。

栽培のポイント
樹は半直立性。深い剪定は避け、薬剤散布は通常で（p48参照）。

ジュール ヴェルヌ　S・四季咲き　小中輪　強香

●ブランド…ロサ オリエンティス プログレッシオ

アプリコットのカップ～ロゼット咲きの少し小さめの花で房咲き。フルーツの強香。

栽培のポイント 樹はシュラブで枝はよく伸びるので、つるバラとしても仕立てられる。耐病性が高い。

しのぶれど　木立・四季咲き　中輪　中香

●ブランド…京成バラ園芸

青藤色のカップ咲きの花からは、奥深くこもるブルー系の香り。樹は木立性で直立する。

栽培のポイント 初期生育は遅め。弱剪定で育てる。薬剤散布は通常で。

シルフィ シルフィ　木立・四季咲き　中輪　微香

●ブランド…京阪園芸オリジナル

藤色～シルバーブルーの花はときに茶色にも。八重咲きで花形は多様に変化。細い枝先にひらひらと花を咲かせる。

栽培のポイント 株は横張り。弱剪定で自然な姿に。薬剤散布は通常で。

シビュラ　S・返り咲き　中輪　微香

●ブランド…タンタウ

一重・クリムゾンレッドの花の中央にライラック色のおしべの葯《やく》と花糸が神秘的。花後剪定をしなければ、秋にはローズヒップも楽しめる。

栽培のポイント 原種バラのロサ・ルゴサ（ハマナス）系品種で、浅緑色の葉は耐病性に優れる。枝にはトゲが多い。

春

秋

ディープ ボルドー　木立・四季咲き　中輪　中香

●ブランド…コルデス

深い赤色のロゼット咲きで、さわやかさもあるローズの香り。花つきがよく繰り返してよく咲く。

栽培のポイント 樹は直立性。耐病性・樹勢ともに優れる。シュラブ状に伸びる枝は切り詰めて木立として仕立てる。

デスデモーナ　S・四季咲き　中輪　中香

●ブランド…イングリッシュローズ

年間を通じて聖杯型の花を安定して咲かせる。白色にほんのりピンクが混じることも。ローズにミルラが混じる甘い香り。

栽培のポイント
初期は浅めの剪定で。次第に整った丸い形に育つ。

バレッタ　木立・四季咲き　中輪　中香

●ブランド…ローズ ドゥ メルスリー

赤紫色で底白の花弁はベルベットのような質感。春は大房に咲き、秋もよく咲いて庭のポイントに。ティーの中香。

栽培のポイント 樹は木立性で葉は耐病性が高い。

スマイル ハニー ローズ / くまのプーさん　木立・四季咲き　中輪　強香

●ブランド…メイアン

褪色しにくい鮮やかな黄色のロゼット咲きの中輪の花。中東原産の原種バラ、ロサ・フェティダのような青みのある独特の香り。

栽培のポイント 樹は直立性。耐病性が高い。離弁性はよいが花がら切りは忘れずに。

爽（そう）　木立・四季咲き　中大輪　強香

●ブランド…河本バラ園

藤色の波状弁咲きでブルー系の強香。春は大房に咲くことも。初冬の花は大きなカップ咲きに。園芸王子・三上真史さんに捧げられた。

栽培のポイント 樹は細立ち。弱剪定で育てる。薬剤散布は通常で。

ピンク パラダイス

木立・四季咲き

●ブランド…デルバール

大輪　強香

しっとりとしたピンクで元が黄色の大きな花弁が波打って、上を向いて咲く。アニスのような強い香り。

栽培のポイント 樹は木立性で比較的コンパクト。薬剤散布は通常で。

ピンク ビンテージ　S・四季咲き

中大輪　中香

●ブランド…ドリュ

アプリコットブラウンで周囲にパープルをさす中大輪。細い枝先にふんわり咲く。スパイシーな香り。

栽培のポイント 最初は細立ちだが、樹勢があってシュートがよく出て、次第にこんもりとした株になっていく。

ピクシー　木立・四季咲き

中輪　強香

●ブランド…ロサ オリエンティス プログレッシオ

ピンクのロゼット咲きの中輪花はとてもよく繰り返し咲く。ダマスクの強香。

栽培のポイント 房咲きに咲く枝の線が美しい樹姿。耐病性が高い。弱剪定で。花がら摘みは忘れずに。

ヒーリング　木立・四季咲き

大輪　強香

●ブランド…コマツガーデン

明るい桃色にライラックのトーンの波状弁咲き。大きな花が房咲きに。ティー・ミルラの強い香り。

栽培のポイント 樹は直立性でまとまりがよい。冬剪定で深めに切り戻す。薬剤散布は通常。

樹の大きさ
中

プラム パーフェクト

中輪
微香

木立・四季咲き　●ブランド…コルデス

赤紫色のカップ～ロゼット咲き中輪。細めの枝先に房咲きになってよく繰り返して咲く。

栽培のポイント 樹は素直な半直立性。耐病性・樹勢ともに強い。

プリンセス ヴェール

中輪
中香

木立・四季咲き　●ブランド…コルデス

白く淡いピンクやアプリコットも混じるロゼット咲き。秋花は深いカップ咲き。フルーティな芳香。

栽培のポイント 半直立性の株にやわらかな花。黒星病対策はしっかりと。

ブルー フォー ユー

中輪
中香

S・繰り返し咲き　●ブランド…ワーナー

ライラックピンクから次第にブルーイングし灰紫色、さらに水色近くまでになって咲き混じる半八重咲き。低温の気候・地域では花の青みが冴える。

栽培のポイント
枝は太め。通常のシュラブローズの栽培方法で。

フィネス　木立・四季咲き

中大輪
強香

●ブランド…京阪園芸F&Gローズ
「ローズアロマティーク」

青みのある濃いピンクの波状弁咲き。横張りの樹の上に房咲きに。ダマスクにスミレやレモンバームが溶け込む強香。春から初冬までとてもよく繰り返し咲く。

栽培のポイント 樹は木立性で横張り性。樹勢もあり育てやすい。

フューチャー パフューム

中輪
強香

木立・四季咲き　●ブランド…コルデス

ミディアムピンクの少し小さめの半剣弁咲き～ロゼット咲き。花からはダマスクベースの強く甘い香り。

栽培のポイント 樹は半直立性。葉の耐病性はとても高く、樹は硬い。最初は単花咲きだが育つと房咲きに。

マリーヌ　S・四季咲き

中輪
微香

●ブランド…ローズ ドゥ メルスリー

白い花弁の弁先がピンクで、底に少しクリームをにじませる。まとまりのよい株で、細い枝先に四季を通じて安定して開花する。

栽培のポイント 樹勢はある。薬剤散布は通常で。

ミスティ パープル

木立・四季咲き

中輪
強香

●ブランド…河本バラ園

淡紫色の波状弁花が房咲きになって、細い枝先にふんわり咲き、芳香を漂わせる。2003年発表以来のロングセラー。

栽培のポイント 花がら摘みと薬剤散布は忘れずに。

ボレロ　木立・四季咲き

中大輪
強香

●ブランド…メイアン

白いロゼット咲きの花は、時折ピンクやアプリコットのニュアンス。フルーティな強い香り。

栽培のポイント 樹はまとまりのよいシュラブ。初期からよく花をつけるので摘蕾をして大きくしていく。

マドモアゼル メイアン

木立・四季咲き　●ブランド…メイアン

大輪
中香

オレンジ～サーモンピンクのカップ咲き巨大輪に圧倒される。ローズとフルーツのやわらかな香り。

栽培のポイント 枝はシュラブ状に斜上して伸び、大きくなる。

モチーフ　S/つる・四季咲き

小輪
微香

●ブランド…ローズ ドゥ メルスリー

青みのあるモーブカラーの半八重咲き小輪シュラブ。株は横にふわっと広がる。小型のつるバラとしても。

栽培のポイント 草花との混植にもよく合う。薬剤散布は通常で。

リヴレス　木立・四季咲き

中輪
強香

●ブランド…京阪園芸

濃いピンクのロゼット咲きの花は深い紫色に咲き進む。フローラルダマスクの濃厚な香り。樹はしなやかな木立性。

栽培のポイント とくに初期は深く剪定せず、自然に育てる。

メアリー レノックス　木立・四季咲き

中大輪
強香

●ブランド…ロサ オリエンティス プログレッシオ

ピンク色のロゼット咲きの中大輪花が房咲きになって、木立性の株に。花もちがよい。ダマスクとミルラの強香。

栽培のポイント HTスタイルの育てやすい品種。樹勢があり耐病性が高い。

メルヘンツァウバー

中大輪
中香

木立・四季咲き　●ブランド…コルデス

ソフトなアプリコットピンク色のカップ～ロゼット咲きの大きめの花で、やわらかいフルーティな香り。枝は細め、株は横張り性。ADR認証品種。

栽培のポイント 耐病性・樹勢があり育てやすい。弱剪定で自然に育つ。

ローズ ポンパドゥール

大輪　強香

S/つる・四季咲き　●ブランド…デルバール

少し乱れた奔放かつ華麗なロゼット咲き。濃いピンクから咲き進んで紫みのある「ポンパドゥール・ピンク」（花名の由来）に。ダマスク系でフルーティな強い香りがある。

栽培のポイント 枝は細め。春一番花は大きい。薬剤散布は通常で。小型のつるバラとしても。

ローズ アントワネット

大輪　強香

S/つる・四季咲き　●ブランド…デルバール

淡いピンクの花はときにアプリコットのニュアンス。‘ローズ ポンパドゥール’の枝変わりで、花も株姿もよりやさしい印象。

栽培のポイント 性質は元親に同じだが、株はやや小型。

レイニー ブルー

小中輪　微香

S/つる・繰り返し咲き　●ブランド…タンタウ

藤色の小さめの多弁ロゼット咲き。小さい葉で、しなやかな枝先に房咲きになる。自然樹形は横張りのシュラブで、小型のつるバラとしても楽しめる。

栽培のポイント 初期生育は遅く、病害虫防除のための薬剤散布はしっかりと。

ロクサーヌ　木立・四季咲き

中輪　中香

●ブランド…ロサ オリエンティス プログレッシオ

緑を含むアイボリーに中央がピンクのカップ咲き。ダマスクにティーのやわらかな香り。樹はかっちりとした横張りの木立性。

栽培のポイント 耐病性が高く樹勢も強いが、樹が充実するまではちゃんとした花は咲きづらいので、初期は弱剪定でまず樹姿をつくる。

エーデルシュタイン

中輪 中香

S/つる・返り咲き ●ブランド…タンタウ

花弁の中央に向かって淡い紫色になるカップ咲き。裏弁は白。花は咲き進んで青みを増す。

栽培のポイント 枝が直立してよく伸びるので、つるバラとしても。

エドゥアール マネ

中輪 強香

S/つる・四季咲き ●ブランド…デルバール

淡い黄色に明るいピンクの絞りのカップ咲きで、黄色は褪色《たいしょく》し次第に白くなる「画家のバラ」シリーズ。甘いローズとフルーツの香り。

栽培のポイント 枝が長く伸び、横張りのシュラブとしてもつるバラとしても仕立てられる。

ギー サヴォア

中大輪 中香

S/つる・四季咲き ●ブランド…デルバール

カーディナルレッドに淡いピンクの絞りの大きめで華麗な花は、フランスの高級レストランシェフの名前。フルーティな香り。

栽培のポイント 樹勢が強く枝が直立してよく伸びるので、つるバラとしても仕立てられる。

アミ ロマンティカ

中輪 微香

つる・繰り返し咲き ●ブランド…メイアン

緑を含む丸い蕾から、白地にピンクの色のりのロゼット咲きに開花。房咲き。弁質がよく花もちがよい。

栽培のポイント まっすぐ枝を立てて誘引しても株元から枝先まで花をつける。

アルゴノーツ S/つる・四季咲き

中輪 中香

●ブランド…ロサ オリエンティス プログレッシオ

濃いオレンジからコーラルピンクに変わる花は花弁の裏が淡黄色のバイカラー。カップ～ロゼット咲き。

栽培のポイント 樹は直立性のシュラブ。耐病性が高く、樹勢があるので枝はよく伸びる。段差剪定でつるバラとしても。

シャリマー S・四季咲き

中輪 中香

●ブランド…ロサ オリエンティス プログレッシオ

宝珠弁で春花は白みが強いロゼット咲き、秋花は淡いピンクとアイボリーの豊麗なカップ咲きに。小さめの葉・細い枝先に房咲きになる。ダマスクにティーとグリーンの芳香も。

栽培のポイント つる仕立てもできるが、少しスペースをとって大きめのシュラブとすると、品種本来の魅力を発揮。

ソフィー ロシャス S/つる・四季咲き

大輪 強香

●ブランド…デルバール

淡いピンクの春の一番花はシャクヤクと見まがうほどの大輪に咲く。弁先には切れ込みが入りやすい。柑橘とローズの芳香。

栽培のポイント 大きめのシュラブとするか、伸びた枝を誘引してつるバラとしても仕立てられる。

クリスティアーナ

中輪 中香

S/つる・繰り返し咲き ●ブランド…コルデス

白色に中央がライラックピンクの深いカップ咲きの花が、濃緑の丸い葉の上に咲く。ローズの香り。

栽培のポイント シュラブにもなるが、枝がよく伸びるのでつるバラとして育てたほうがよい。トゲが少ない。耐病性が高いADR認証品種。

シャトー ドゥ シュベルニー

小中輪 中香

S/つる・四季咲き

●ブランド…デルバール

鮮黄色〜レモンイエローの花弁数が少ないカップ咲き。短い枝先に四季を通じて安定して花を咲かせる。柑橘系の香り。

栽培のポイント 株はよく茂る。大きめの直立性シュラブとしても、つるバラとしても。耐病性が高いADR認証品種。

ドレッシー　木立・四季咲き

大輪
強香

●ブランド…コマツガーデン

透明感ある純白の大輪花からは、さわやかさのある甘い芳香が漂う。花もちがよい。樹は木立性のHTタイプ。

栽培のポイント 花弁が傷みやすいので、花を長く楽しみたい場合は鉢植えで。肥料は少なめに。

トロイメライ　S/つる・四季咲き

中輪
強香

●ブランド…ロサ オリエンティス プログレッシオ

ピンクとアプリコットの濃淡の花弁が入り混じる大きめの花。咲き進んで青みをおびる。フルーティにティー、グリーンの強香。

栽培のポイント
直立性のシュラブとするか、段差剪定で小型のつるバラとしても。耐病性が高い。

ナエマ　S/つる・四季咲き

中大輪
強香

●ブランド…デルバール

甘さと優しさのある桜ピンク色の深いカップ咲きの花で、フルーティフローラルの強香。直立する枝先に房咲きになる。

栽培のポイント
枝を横に寝かせても花は枝先にしかつかない。大きめのシュラブとするか、強剪定して段差をつけて小型のつるバラに。

ソムリエール　S/つる・四季咲き

小中輪
強香

●ブランド…ドミニク・マサド

ワインカラー（赤紫色）で裏弁が白いバイカラーのカップ咲き。大きな房に咲く。

栽培のポイント 株はすっとした直立性。秋花は少なめ。

ダフネ　S/つる・四季咲き

中輪
中香

●ブランド…ロサ オリエンティス

淡いサーモンピンクの花はとても花もちがよい。乾燥した気候下では淡緑色にまで変化する。花名はギリシャ神話のニンフ（精霊）の名前。

栽培のポイント 樹は横張り。大きめのシュラブとしても、つるバラとしても仕立てられる。

樹の大きさ
中大

中大輪　強香

ビアンヴニュ

S / つる・四季咲き

●ブランド…デルバール

ピンク色のカップ～ロゼット咲きの花からはダマスク系でフルーティな強い香り。弁先に切れ込みが入りやすい。

栽培のポイント 樹勢がとても強くどこで切っても咲く。大型のシュラブとするかつる仕立てに。

ピエール エルメ

中輪　中香

S / つる・繰り返し咲き

●ブランド…アンドレ・エヴ

アプリコットと淡いピンクの花はマカロンのよう。大房咲きになって直立する株に咲く。

栽培のポイント 株丈が高くなるので、段差剪定によるつる仕立てが向いている。

パートナー　S・四季咲き

中大輪　強香

●ブランド…アンドレ・エヴ

アプリコット～ピンクのカップ～ロゼット咲きの花が、房咲きになって葉のすぐ上に咲く。ティーにフルーツの強香。

栽培のポイント
樹勢・耐病性ともに優れる。秋には枝が伸び、花はカップが深くピンクみが強くなる。

パブロワ　S / つる・四季咲き

中大輪　強香

●ブランド…デルバール

灰色みをおびた白い大きなカップ～ロゼット咲き。四季咲き性が強い。

栽培のポイント 樹勢があり、大苗の初年度から房咲きに多くの花を咲かせることが可能。横張りの大きめのシュラブとするか、伸びた枝を生かして小型のつるバラとしても仕立てられる。

マーサ　S/つる・四季咲き

中輪
中香

●ブランド…ロサ オリエンティス プログレッシオ

白〜ソフトピンクのカップ咲きの花は黄色い花芯を少しのぞかせることも。ダマスクにティー、グリーンの芳香。

栽培のポイント 樹は横張りで大きめのシュラブ。段差剪定でつるバラとしても仕立てられる。耐病性が高い。

真宙（まそら）　S・四季咲き

中輪
強香

●ブランド…吉池貞蔵

アプリコットブレンドの整ったカップ〜ロゼット咲き。フルーティな強い香りがある。

栽培のポイント
樹勢があり、樹は直立して大きく伸びることも。高さは剪定でコントロールする。

マティアス クラウディウス ローズ

中大輪
中香

S/つる・繰り返し咲き　●ブランド…タンタウ

クリーミーなアプリコットから咲き進んで淡緑色にまで変化するロゼット咲き。

栽培のポイント
枝が長く伸びるのでつるバラとして仕立てるほうがよい。ADR認証品種。

フランボワーズ バニーユ

中大輪
微香

つる・返り咲き　●ブランド…メイアン

ローズピンクと淡いピンクの絞りのロゼット咲き。花もちがよい。

栽培のポイント 花が短い枝につくので、まっすぐ誘引しても春は株元から上部まで花を咲かせる。

フロレンティーナ　つる・返り咲き

中大輪
微香

●ブランド…コルデス

濃赤色の中大輪つるバラ。房咲きになって頭上からあふれるように花を咲かせる。

栽培のポイント まっすぐ誘引しても花は全体につく。耐病性が高い。ADR認証品種。

樹の大きさ
中大

ラ レーヌ ドゥ ラ ニュイ

中輪
微香

S/つる・繰り返し咲き

●ブランド…デルバール

「夜の女王」の名の花は、朱赤にブラウンレッドの絞りの大胆な波状弁花。照り葉の上に房咲きになって、よく伸びる枝先に咲く。

栽培のポイント 樹勢が強く、横張りのシュラブとしても、つるバラとしても楽しめる。

リパブリック ドゥ モンマルトル

中輪
中香

S/つる・四季咲き

●ブランド…デルバール

赤いロゼット咲きの花が、細い花枝の先にうつむき加減に咲く。真夏も花が途切れることがない。

栽培のポイント 自然樹形は横張り性。横に伸びた枝を持ち上げて、小型のつるバラとして仕立てるとよい。

令の風(れいのかぜ)

大輪
微香

木立・四季咲き　●ブランド…京成バラ園芸

グレートーンの藤色の花にはときに茶色を感じることも。波状弁咲きの大輪花が直立する株の上に房咲きになってうつむいて咲く。

栽培のポイント
耐病性が高く樹勢もあるが、初期にまず株姿をつくる。

マルク アントン シャルポンティエ

中輪
中香

S/つる・繰り返し咲き

●ブランド…ギヨー

ソフトアプリコットから白までうつろうロゼット咲き中輪。柑橘系のフルーティな香り。細い枝先にたくさんの花を咲かせる。

栽培のポイント
丸い樹形のシュラブとしても、つるバラとしても仕立てられる。

ラ ブロッシュ　S/つる・繰り返し咲き

中輪
中香

●ブランド…ローズ ドゥ メルスリー

ブラウンベージュの花はときに黄金色に輝く。波状弁咲きで花芯をのぞかせることも。ティー系の中香。

栽培のポイント
枝が長く斜上するので、シュラブとしても、伸びた枝を誘引してつる仕立てとしてもよい。薬剤散布は通常で(p48参照)。

アプリコット キャンディ

アプリコット キャンディ 中大輪 中香

木立・四季咲き ●ブランド…メイアン

アプリコットの花は開くと波状弁に。春は大きな房に咲く。やわらかなティー系の香り。

栽培のポイント 咲き姿がやわらかく、混植ガーデンによく利用される数少ない大輪系品種のひとつ。

カミーユ

カミーユ S/つる・繰り返し咲き 中輪 微香

●ブランド…ロサ オリエンティス プログレッシオ

藤色からシルバーグレイの波状弁花。樹は大きなシュラブでやや枝打ちが粗い。

栽培のポイント 耐病性・樹勢ともに優れ、株は大きくなる。段差剪定によるつるバラ仕立てが向いている。

オデュッセイア S/つる・四季咲き 中輪 強香

●ブランド…ロサ オリエンティス

黒赤紫色の少し小さな波状弁花は房咲きに。ダマスク系の濃厚な香り。花色は春より赤くなるが夏も安定して開花する人気品種。

栽培のポイント
樹は直立性。枝が硬く、初期は弱剪定と摘蕾を行うと、次第に勢いがつき枝がよく伸びるようになる。その段階から強剪定を。最初から強く切っても枝が伸びない。

オデュッセイア

紅玉

珠玉

玉鬘

キャンドス ビューティ

大輪 強香

木立・繰り返し咲き ●ブランド…ハークネス

ソフトアプリコットからソフトピンクの大輪花は整った高芯の半剣弁咲きにも丸弁咲きにも。咲き進んでロゼット咲きに。フルーティ感のあるティー系の強香。単花咲き。

栽培のポイント 樹は直立性で樹勢がありよく伸びる。太い枝先に花をつけ、冬剪定で深めに切って大きな花を咲かせる。

紅玉（こうぎょく）

小輪 微香

つる・返り咲き ●ブランド…河合伸志

珠玉（しゅぎょく）

小輪 微香

つる・返り咲き ●ブランド…河合伸志

玉鬘（たまかずら）

小輪 微香

つる・返り咲き ●ブランド…河合伸志

‘紅玉’は紅色、‘珠玉’は珊瑚《さんご》色、‘玉鬘’は桃色。コロコロとしたカップ～ディープカップ咲きの小輪花がつる状に伸びる枝先に。やや遅咲きで春は大房になって咲く。花もちがとてもよい。葉は小さく細長い。秋にも返り咲く。

栽培のポイント 枝はしなやかで誘引しやすく、さまざまなつる仕立てに。構造物にふわっと沿わせ自然樹形で放任すると、初冬まで花を咲かせ続けることがある。

プリンセス シャルレーヌ ドゥ モナコ　木立・繰り返し咲き

中大輪　中香

●ブランド…メイアン

アプリコットブレンドの花はときによりパステルピンクに咲くことも。華麗で気品のある大輪カップ〜ロゼット咲き。バラ香料の原料となる'ローズ ドゥ メ'の甘い香りがときとして強く香る。

栽培のポイント 樹勢があり、直立して大きく育つ。冬剪定で深めに切り株丈を抑える。

ルージュ ピエール ドゥ ロンサール　S・四季咲き

中大輪　中香

●ブランド…メイアン

クリムゾンレッドのカップ咲きでダマスクの芳香がある。房咲き。四季咲き性が強く、夏も、初冬までも繰り返しよく花を咲かせる。花もちがよい。

栽培のポイント 株に力のない苗のうちは、花が開きづらい。枝はよく伸びるが硬く太いのでつるバラとして横に寝かせて誘引するより、大きめの木立として育てたほうがよい。

ノヴァーリス　木立・四季咲き

大輪　微香

●ブランド…コルデス

ラベンダー色で先が尖った花弁がカップ状に重なる大輪。大きくなる木立性の株に、房咲きになって少しうつむいて咲く。ティー系の香り。

栽培のポイント 一般に樹の性質がおとなしい藤色系品種の中でも、枝が硬く樹勢があり耐病性が高い。ADR認証品種。

フランシス バーネット　S/つる・繰り返し咲き

中輪　中香

●ブランド…ロサ オリエンティス プログレッシオ

ほんのりピンク色の宝珠弁カップ咲きの花がうつむき加減に咲く。ティーにグリーンの芳香。花もちがとてもよい。

栽培のポイント
樹勢・耐病性に優れる。枝は横張りによく伸びるので、段差剪定でつるバラとして育てられる。

Cタイプのバラ

手間をかけずに四季を通じて花が楽しめる

樹の大きさ
C 小

フロキシー ベビー　S・四季咲き

小輪
中香

●ブランド…ラドラー /メイアン紹介

ピンク・底白の極小輪花が、直立性の小型の株に咲き続ける。切り戻さなければ実をつけながら花を咲かせ続ける。

栽培のポイント 病気には強いが、夏にはハダニ対策を。

マイローズ　木立・四季咲き

中輪
微香

●ブランド…ロサ オリエンティス プログレッシオ

鮮赤色のカップ咲き中輪花が房咲きになってうつむき加減に咲く。とても花もちがよく、いつも咲いている感覚。夏花はロゼット咲きに。ロサ　オリエンティス中トップの人気品種。

栽培のポイント 株はコンパクト。肥料が多いと花首が下を向く。耐病性が高く薬剤散布の手間はあまりかからないが、花がら摘みは行う。夏剪定なしでも咲き続ける。

ゼプティ　木立・四季咲き

小輪
微香

●ブランド…メイアン

深紅の抱え咲き小輪花が、株丈25～35㎝のコンパクトな半直立性の株にいつも咲き続ける。花もちは約20日間。花つきもよい。

栽培のポイント 耐病性が高く手間がかからず咲き続けるため、低い生垣や、寄せ植え、公共の場の群植に向く。

ニューサ　S・四季咲き

小輪
微香

●ブランド…ロサ オリエンティス

白にほんのりピンクの五弁一重咲きの花はノイバラの風情。剪定しなくても四季を通じて咲き続け、実はつきにくい。フランス・バガテル国際バラ新品種コンクールで日本人育種のバラとして初受賞。

栽培のポイント 株はふんわり広がる小型シュラブ。そのままでもよいが葉をきれいに保ちたいのなら薬剤散布を。大きくなったら冬に切り戻す。草花ともよく似合う。和風庭園にも。

マチネ

マチネ　木立・四季咲き

小中輪　微香

●ブランド…コルデス

ラベンダーピンクの小中輪花は咲き進むとグレートーンに。低めの株に春は大きな房に咲き、秋にもよく開花。

栽培のポイント 葉の耐病性は高い。庭に手間いらずでいつも咲く藤色の花がほしいときにおすすめ。

リムセ

リムセ　S・四季咲き

小輪　微香

●ブランド…コマツガーデン

桃色で底が淡くつけ根が赤い八弁一重咲き小輪。横張りの小型の株にふわっと花が咲き続ける。

栽培のポイント
実がほとんどつかず花がら摘み不要。耐病性が高く、ハダニにも強い。大きくなったら冬剪定で深く切る。

レッド キャプテン　S・四季咲き

小中輪　微香

●ブランド…ピン・リン/トゥルーブルーム

深紅の小中輪花が濃緑の小さな照り葉・小型の株に、いつも花をつける。株丈は50～60cm。

栽培のポイント 耐病性が高く、ローメンテナンスでいつも咲くので、用途は多様。最初は下を向く花も株の成長とともに上を向くようになる。ハダニに注意。

レッド キャプテン

ノック アウト シリーズ

中輪　微香

木立・四季咲き

●ブランド…ラドラー／メイアン紹介

木立性ローズペイザージュの代表品種。中輪花がかっちりとした木立性の株に咲き続ける。半八重の濃いローズピンクの基本種に加え、'ホワイト'、'サニー（黄色）'、'ブラッシング（淡いピンクのブラッシュ）'、'ピンク'と、八重の'ダブル''ピンクダブル'などがある。

栽培のポイント 耐病性が高くローメテナンスで咲き続けるが、ポイントを抑えた適度な薬剤散布は必要で、花がら摘みは行う。シリーズの中で'ホワイト'は株丈がやや低く、'サニー'は性質が少しおとなしい。樹勢があり、冬に強剪定しても春にはほぼ同じ高さまで回復する。

ピンクダブル

レインボー

サニー

ブラッシング

ダブル

ホワイト

Cタイプのバラ

樹の大きさ 中

スマイリング アイズ

S・四季咲き　中輪　微香

●ブランド…ワーナー

淡いアプリコット～淡い桃色で中央に赤いアイがあるハイブリッド ペルシカ（中東原産のロサ・ペルシカを利用した交配種）。開花間隔が短く次々と花が咲く。

栽培のポイント 枝の分枝がよく株はコンパクトにまとまる。耐病性が高い。ADR認証品種。

セプテンバー トワイライト

中輪　微香

S／木立・四季咲き　●ブランド…ワーナー

目を奪うオレンジ色の中輪花。秋花はコーラルレッドに。花つき花もちがよく、開花連続性が高い。弁質もよく、降雨による花傷みが少ない。

栽培のポイント
耐病性が高くローメンテナンスで育てられる。開花後には切り戻しを。

樹の大きさ
中

リモンチェッロ　S・四季咲き

小中輪
中香

●ブランド…メイアン

蝶が舞うような鮮黄色の小中輪花が、しなやかな枝先に連続開花。花色は咲き進んで淡くなり株の中に咲き混じる。花が若いうちは夕刻から夜間に花弁を閉じる。

栽培のポイント 株丈は中くらいでこんもり茂る。薬剤散布は定期的に。

レヨン ドゥ ソレイユ

小中輪
微香

木立・四季咲き　●ブランド…メイアン

赤みのある黄色の小中輪花は咲き進むと淡くなる。春から初冬まで連続開花。株は直立性で、幅をとらない数少ないローズペイザージュのひとつ。枝にはトゲが少ない。

栽培のポイント
耐病性・樹勢がありローメンテナンス。花もちがよくセルフクリーニング性もあって次々と咲くので花がら切りは不要だが、残りがちな房の中央の花が気になる場合は取り除く。ADR認証品種。

チェリー ボニカ

小中輪
微香

S・四季咲き

●ブランド…メイアン

レッド～ローズレッドのカップ咲き小中輪。終わった花茎の下から短い花枝を伸ばして、初冬まで次々と咲き続ける。

栽培のポイント セルフクリーニング性に優れ、咲き終わったら上を新しい葉と花が覆うので、花がら摘みはまったく不要。株元から上部まで株全体が丸い姿で年々上へも横へも大きくなっていく。大きくなりすぎたら冬剪定で株丈を縮める。ADR認証品種。

ベルスーズ　木立・四季咲き

小輪
中香

●ブランド…ロサ オリエンティス

淡いピンクの小輪・八重咲きの花が房咲きになって、ふわっと伸びる枝先に連続開花。ティー系の中香。

栽培のポイント 片親は'ニューサ'。耐病性高く樹勢もある。初期生育がやや遅く、摘蕾し株の成長を促す。

トレリスやゲートにバラが誘引されている実店舗敷地内にある事務所。

バラの家

ローズクリエイターの木村卓巧さん作出のブランド、ロサオリエンティスを始め、2000品種以上が揃うバラ専門店。ネット通販と実店舗で販売しており、実店舗では実際にバラ苗の花や香りを確かめて購入することができます。バラ関連資材も豊富に扱っています。

実店舗住所
埼玉県北葛飾郡杉戸町堤根4425-1
Tel.0480-35-1187

（左）温室内ではバラ苗が多数販売されている。（右）敷地内にバラが植えられており、開花の季節は見事。

ROSA VERTE
ロザヴェール

バラ苗を生産から販売まですべて自社で行う後藤みどりさんが率いる、コマツガーデンの直営店。バラ苗をメインに、季節の花苗やガーデン雑貨、観葉植物などが豊富に揃っています。敷地内にはバラとさまざまな草木が調和したガーデンスペースがあり、庭づくりの参考になります。

住所　山梨県中巨摩郡昭和町上河東1323-2
Tel.055-287-8758

郊外店のため敷地が広く、ゆったりと買い物ができる。

（左）店舗を囲むようにガーデンスペースがある。（中）壁面には何種類ものバラが誘引されている。（右）資材の種類も豊富。

本書で取り上げたバラの名前を五十音順に並べてあります。赤の文字は図鑑ページを指しています。

バラの名前索引

手間いらずで
美しいバラづくり

監修 玉置一裕 たまおき かずひろ

バラの専門雑誌『New Roses』編集長。2005年の創刊号から、企画から撮影・執筆・アートディレクション等を一貫して行う。バラ栽培歴は45年以上。講演・執筆等でも「いまのバラ」を伝えている。新品種プロデュースにも数多く携わり、命名・コーディネートした品種は110品種以上。バラの育種・栽培・デザイン・楽しみ方などに加え、絵画・文学・音楽など他の芸術文化との関わりもあわせて表現していることから、「バラの文化人」とも呼ばれる。日本ばら会会員。JRCおよび「ぎふ国際ローズコンテスト」審査委員。

編　集	マートル舎 篠藤ゆり 秋元けい子
撮　影	竹田正道
写真提供	玉置一裕、京阪園芸(株)
イラスト	梶村ともみ
デザイン	高橋美保
企画・編集	成美堂出版編集部

特別協力	後藤みどり(ROSA VERTE) 木村裕治(バラの家)
取材協力	荒木徹、折原美智子、影山陽子、兼岡美香、北多加子、戸田千鶴、山田千佳、山中ユカリ(五十音順)
協　力	住友化学園芸(株)、(株)ハイポネックスジャパン、(株)花ごころ

手間いらずで美しいバラづくり

監　修　玉《たま》置《おき》一《かず》裕《ひろ》

発行者　深見公子

発行所　成美堂出版

〒162-8445　東京都新宿区新小川町1-7

電話(03)5206-8151 FAX(03)5206-8159

印　刷　凸版印刷株式会社

ISBN978-4-415-33238-3

落丁・乱丁などの不良本はお取り替えします

定価はカバーに表示してあります